LE CHEMIN DE LA PERFECTION

SAINTE THÉRÈSE D'AVILA

Traduction par
PÈRE MARCEL BOUIX, S.J.

TABLE DES MATIÈRES

Prologue — 1
Chapitre 1 — 3
Chapitre 2 — 6
Chapitre 3 — 11

LES FONDEMENTS DE LA PRIÈRE : LA CHARITÉ FRATERNELLE

Chapitre 1 — 19
Chapitre 2 — 26
Chapitre 3 — 30
Chapitre 4 — 34

LES FONDEMENTS DE LA PRIÈRE : LE DÉTACHEMENT

Chapitre 1 — 41
Chapitre 2 — 43
Chapitre 3 — 46
Chapitre 4 — 50
Chapitre 5 — 53
Chapitre 6 — 57
Chapitre 7 — 61

LES FONDEMENTS DE LA PRIÈRE : L'HUMILITÉ

Chapitre 1 — 67
ANCIEN CHAPITRE XVII DU MANUSCRIT DE VALLADOLID — 71
Chapitre 2 — 73

Chapitre 3	77
Chapitre 4	81

L'ORAISON: LES DIFFICULTÉS DE LA MÉDITATION

Chapitre 1	89
Chapitre 2	97
Chapitre 3	101
Chapitre 4	105
Chapitre 5	109

L'ORAISON: LA PRIÈRE VOCALE

Chapitre 1	115
Chapitre 2	118
Chapitre 3	120

COMMENTAIRE DU "NOTRE PÈRE": NOTRE PÈRE QUI ES AUX CIEUX...

Chapitre 1	127
Chapitre 2	130
Chapitre 3	136

COMMENTAIRE DU "NOTRE PÈRE": QUE TON NOM SOIT SANCTIFIÉ...

Chapitre 1	143
Chapitre 2	147

COMMENTAIRE DU "NOTRE PÈRE": QUE TA VOLONTÉ SOIT FAITE...

Chapitre 1	157

COMMENTAIRE DU "NOTRE PÈRE": DONNES-NOUS NOTRE PAIN DE CE JOUR...

Chapitre 1	165
Chapitre 2	168
Chapitre 3	174

COMMENTAIRE DU "NOTRE PÈRE": PARDONNES-NOUS NOS OFFENSES...

Chapitre 1	179
Chapitre 2	185

COMMENTAIRE DU "NOTRE PÈRE": NE NOUS SOUMETS PAS À LA TENTATION...

Chapitre 1	191
Chapitre 2	196
Chapitre 3	200
Chapitre 4	204
Chapitre 5	209

Composé par Teresa de Jésus, religieuse de l'ordre de Notre-Dame du Carmel. Il est destiné aux religieuses déchaussées de Notre-Dame du Carmel de la Règle Primitive.

Argument général de ce livre:
Ce livre contient des avis et des conseils. Que donne Thérèse de Jésus à ses filles, religieuses des monastères qu'elle a fondés avec le secours de Notre-Seigneur et de la glorieuse Vierge, Mère de Dieu, conformément à la Règle primitive de Notre-Dame du Carmel. Elle les adresse spécialement aux soeurs du monastère de Saint-Joseph d'Avila, le premier qu'elle fonda et dont elle était prieure, quand elle écrivit ce livre.

PROLOGUE

Les soeurs de ce monastère de Saint-Joseph m'ont suppliée de leur donner quelque écrit sur l'oraison. Elles savaient que mon confesseur actuel, le P. Présenté, Fr. Dominique Banès, de l'ordre du glorieux saint Dominique, me l'avait permis. Comme lui elles pensaient que j'y serais aidée par les rapports que j'ai eus avec beaucoup de personnes spirituelles et saintes. Elles m'ont enfin tellement importunée que je me décide à leur obéir.

Quoique imparfait et mal écrit, ce travail d'une personne qu'elles aiment, leur sera plus agréable que d'autres livres d'excellent style et composés par des maîtres. J'ai confiance en leurs prières ; elles m'obtiendront du Seigneur, je l'espère, la grâce d'une parole utile et appropriée au genre de vie de cette maison. Si je n'atteins pas ce but, le P. Présenté qui, le premier, doit lire mon écrit, le corrigera ou le jettera au feu. Pour moi, je n'aurai rien perdu en obéissant à ces servantes de Dieu, qui verront d'ailleurs ce que j'ai de moi-même, quand le Seigneur ne m'assiste pas.

Mon dessein est d'indiquer quelques remèdes à certaines petites tentations qui viennent du démon et qui par cela même qu'elles sont si petites, n'inspirent peut-être aucune crainte. Je traiterai aussi d'autres points selon que le Seigneur m'en donnera l'intelligence et que je pourrai m'en souvenir. Ne sachant pas ce que j'ai à dire, je ne puis le dire avec ordre ; et j'estime préférable d'y renoncer, puisque c'est déjà un si grand désordre que je m'occupe, moi, de ce sujet.

Je supplie le Seigneur de mettre lui-même la main à ce travail, pour qu'il soit conforme à sa sainte volonté. Je n'ai jamais d'autre désir ; malheureusement les oeuvres sont imparfaites comme moi. Mais, j'en suis sûre, ni l'affection ni le zèle ne me manquent pour aider de tout mon pouvoir les âmes de mes soeurs à progresser beaucoup dans le service de Dieu. Cet amour, joint à mon âge et à mon expérience de ce qui se passe dans quelques monastères, me fera peut-être, en de petites choses, mieux rencontrer que les savants. Ceux-ci, en effet, occupés d'oeuvres plus importantes, et doués d'un caractère plus fort, tiennent peu compte de détails qui en soi semblent n'être rien ; tandis que tout peut faire du mal à de faibles créatures comme nous. Le démon multiplie les artifices contre les religieuses de clôture stricte ; pour nuire il se voit forcé de recourir à de nouvelles armes. Imparfaite comme je le suis, j'ai mal su me défendre. Aussi voudrais-je que mes soeurs profitassent de mes fautes. Je n'avancerai rien dont je n'aie eu l'expérience, ou pour l'avoir éprouvé en moi, ou pour l'avoir vu dans les autres.

Il n'y a pas longtemps, j'ai écrit par obéissance une relation de ma vie, dans laquelle j'ai inséré quelques points sur l'oraison. Comme peut-être mon confesseur ne vous en permettra pas la lecture, j'en redirai ici quelque chose, ajoutant ce que je croirai nécessaire. Daigne le Seigneur tenir lui-même la plume, comme je l'en ai supplié, et faire tourner cet écrit à sa plus grande gloire. Amen.

CHAPITRE UN

*Du motif pour lequel
j'ai soumis ce monastère à une si étroite observance.*

J'ai rapporté dans le Livre de ma Vie les raisons qui me déterminèrent à fonder le couvent de Saint-Joseph. J'y ai raconté aussi quelques-unes des faveurs par lesquelles Notre-Seigneur fit connaître qu'il y serait très fidèlement servi. Au début de la fondation, mon dessein n'était pas qu'on y menât une vie si austère ni qu'il fût sans revenus. J'aurais au contraire souhaité qu'il ne manquât de rien. Un tel désir trahissait ma faiblesse et mon peu de vertu ; j'avais pourtant quelque volonté de bien faire et non de flatter la nature.

Mais j'appris, vers ce temps-là, le triste état de la France, les ravages que faisaient dans ce pays ces malheureux luthériens, et les rapides accroissements de leur secte désastreuse ; mon âme en fut navrée de douleur.

Comme si je pouvais, comme si j'étais quelque chose, je pleurais avec Notre-Seigneur et je le suppliais de porter remède à un si grand mal. J'aurais donné volontiers mille vies pour sauver une seule de ces âmes que je voyais se perdre en grand nombre dans ce royaume. Mais simple femme, et sans vertu, j'étais incapable de servir comme j'aurais voulu la cause de Dieu. Un vif désir me vint alors, qui prit toute mon âme et qui la possède encore, c'est que Notre-Seigneur ayant tant d'ennemis et si peu d'amis, ceux-ci fussent bons. Ainsi je résolus de faire le tout petit peu qui était en moi, c'est-à-dire de suivre les conseils évangéliques avec toute la perfection possible, et de porter les quelques religieuses réunies ici à embrasser le même genre de vie.

Je fondais ma confiance en la grande bonté de Dieu, qui ne manque jamais d'assister ceux qui renoncent à tout pour lui. J'espérais aussi qu'avec des compagnes aussi parfaites que je les voyais dans mes désirs, mes défauts seraient couverts par leurs vertus, de sorte que je pourrais encore contenter Dieu en quelque chose. Enfin, il me semblait qu'en nous occupant tout entières à prier pour les défenseurs de l'Église, pour les prédicateurs et les savants qui la défendent, nous viendrions, selon notre pouvoir, au secours de cet adorable Maître, si indignement persécuté. Car à voir l'acharnement avec lequel ces traîtres, comblés par lui de bienfaits, lui font la guerre, on dirait qu'ils veulent le crucifier de nouveau, et ne lui laisser sur la terre aucun lieu où il puisse reposer sa tête.

O mon Rédempteur ! mon coeur ici n'en peut plus. Que sont devenus les chrétiens de nos jours ? Faut-il que ceux dont vous avez le plus à souffrir soient ceux-là mêmes qui vous doivent davantage, ceux que vous favorisez, ceux que vous choisissez pour amis, ceux que vous prenez pour compagnons, et à qui vous communiquez par les sacrements ? Ne sont-ils donc pas satisfaits des tourments que vous avez endurés pour eux ?

Certes, mon Seigneur, ce n'est pas un sacrifice aujourd'hui de s'éloigner du monde. Puisqu'il vous est si peu fidèle, que pouvons-nous en attendre ? Méritons-nous par hasard un meilleur traitement ? Avons-nous fait plus que vous, pour qu'il nous garde son amitié ? Qu'espérons-nous donc de lui, nous qui, par la bonté du Seigneur, avons été tirées de ce milieu pestilentiel ? Déjà ces mondains appartiennent au démon. Ils ont mérité, par leurs oeuvres, un juste châtiment ; et ce qu'ils ont gagné à ces plaisirs, c'est un feu éternel. Qu'ils y aillent donc, bien que mon coeur se fende à la vue de tant d'âmes qui se perdent. Ce n'est pas leur damnation qui m'afflige le plus ; c'est que chaque jour le nombre des réprouvés s'augmente encore.

O mes soeurs en Jésus-Christ ! joignez-vous à moi pour demander cette grâce au divin Maître. C'est dans ce but qu'il vous a réunies ici ; c'est là votre vocation ; ce doivent être là vos affaires, comme vos désirs ; c'est pour ce sujet que doivent couler vos larmes ; enfin c'est là ce que vous devez demander à Dieu. Non, non, mes soeurs, ce ne sont point les affaires du monde qui doivent nous occuper. En vérité, je ris, ou plutôt je m'afflige en voyant ce que quelques personnes viennent me recommander. Pour des intérêts temporels, pour de l'argent, elles réclament nos prières, tandis que, selon moi, elles devraient demander à Dieu la grâce de fouler aux pieds tous ces biens-là. Leur intention est bonne, aussi je prie selon leurs désirs ; mais je tiens pour certain que Dieu ne m'exauce jamais, lorsque je lui recommande des choses de ce genre. Le monde est en feu ; on veut, pour ainsi dire, condamner une seconde fois Jésus-Christ, puisqu'on suscite mille faux témoins ; on veut renverser l'Église: et nous perdrions le temps en des demandes qui, si Dieu les exauçait, ne serviraient peut-être qu'à fermer à une âme la porte du ciel ! Non, mes sœurs, ce n'est pas le temps de traiter avec Dieu des affaires peu importantes. S'il ne fallait avoir quelque égard à la faiblesse humaine, qui aime tant qu'on l'aide en toutes choses (et plaise à Dieu que nous l'aidions réellement), je serais fort aise que chacun sût que ce n'est pas pour de semblables intérêts que l'on doit prier Dieu avec tant d'ardeur dans ce monastère.

CHAPITRE DEUX

Il ne faut pas se mettre en peine des nécessités corporelles.
Excellence de la pauvreté.

Ne pensez pas, mes soeurs, qu'en négligeant de contenter les gens du monde, vous deviez manquer du nécessaire. Je vous assure, moi, que si jamais vous essayez de vous procurer ce nécessaire par des artifices humains, vous mourrez de faim, et ce sera justice. Tenez les yeux élevés vers votre Epoux ; c'est lui qui se charge de votre entretien. Qu'il soit content de vous ; et ceux qui vous sont le moins affectionnés s'empresseront, malgré eux, de subvenir à vos besoins, comme vous en avez l'expérience. Et si, en travaillant à contenter Notre-Seigneur, vous veniez à mourir de faim, je dirais : Bienheureuses les Carmélites de Saint-Joseph !

Pour l'amour de Dieu, n'oubliez jamais ceci : puisque vous avez renoncé à avoir des revenus, renoncez aussi aux sollicitudes matérielles ; autrement tout est perdu. Que ceux qui, par la volonté de Notre-Seigneur, possèdent des revenus, s'en occupent, ce soin est légitime et conforme à leur état. Mais pour nous, mes soeurs, il y aurait de la folie ; autant vaut rêver du bien d'autrui, ce me semble, que de s'arrêter à imaginer la jouissance de ceux qui ont ces biens. D'ailleurs ces sollicitudes n'inspirent point aux personnes qui ne l'ont pas, la volonté de nous faire l'aumône. Abandonnez-vous à Celui qui peut mouvoir les coeurs, au maître des richesses et des riches. Par son ordre nous sommes venues ici. Ses paroles sont véritables, elles se réaliseront : le ciel et la terre passeront avant qu'elles manquent de s'accomplir. Soyons-lui fidèles et il nous sera fidèle, et si un jour il ne l'était pas, ce sera, n'en doutons point, pour notre plus grand bien. Ainsi laissait-il mourir les saints pour sa cause, afin d'accroître leur gloire par le martyre. Quel heureux échange d'en finir vite avec la vie pour aller jouir du rassasiement éternel !

Voyez, mes soeurs, je pense surtout, en vous donnant ces avis, au temps qui suivra ma mort, et c'est pour cela que je vous laisse par écrit, car tant que je serai en ce monde, je ne manquerai pas de vous les rappeler. Je sais par expérience combien l'on gagne à les mettre en pratique. Moins nous avons, moins j'ai de souci ; et Notre-Seigneur sait que j'éprouve plus de peine quand nous avons du superflu que si nous manquons du nécessaire. Encore ne saurai-je dire que nous ayons été dans la nécessité, tant Dieu est prompt à venir à notre secours.

Ce serait tromper le monde que d'avoir d'autres sentiments : en effet, nous passerions pour pauvres, et nous ne le serions qu'à l'extérieur, sans l'être d'esprit. Je m'en ferais conscience, parce que, selon moi, nous serions alors comme des riches qui demandent l'aumône. Dieu veuille nous préserver d'une pareille faute : car dans les monastères où l'on se laisse aller à ces soins trop empressés d'attirer des charités, on finira par en contracter l'habitude ; dès lors il pourra se faire que l'on demande ce qui n'est pas nécessaire, et peut-être à des personnes qui se trouvent dans un plus pressant besoin. A la vérité, ces personnes ne peuvent que gagner à ces dons, mais les monastères y perdent.

Je prie Dieu, mes filles, de ne pas permettre que cela vous arrive ; et si cela devait être, j'aimerais encore mieux que vous eussiez des revenus. Ainsi que votre esprit ne s'abandonne en aucune manière à ces préoccupations concernant le temporel ; je vous demande cette grâce en aumône et pour l'amour de Dieu. Mais si ce malheur arrivait dans cette maison, alors la moindre des soeurs devrait élever des cris vers Notre-Seigneur, et représenter humblement à la prieure qu'elle est hors du vrai chemin, et qu'une pareille infidélité amènera peu à peu la ruine de la véritable pauvreté. J'espère de la bonté du divin Maître que cela n'aura point lieu, et qu'il n'abandonnera pas ses servantes ; et si cet écrit, exigé par vous, devenait inutile pour d'autres motifs, il servira du moins à réveiller les sentiments que vous devez avoir sur la pauvreté. Croyez-le, mes filles, Dieu m'a donné, pour votre bien, quelque intelligence des avantages refermés dans cette sainte vertu. Ceux qui la pratiqueront les comprendront, mais non pas peut-être autant que moi ; car Dieu mes les a montrés à une lumière d'autant plus vive que j'avais été folle d'esprit, au lieu d'être pauvre d'esprit comme ma profession m'y engageait.

La pauvreté est un bien qui enferme en soi tous les biens ; elle nous confère comme le haut domaine des biens de ce monde ; car c'est en être maître que de les mépriser. Que m'importe, à moi, la faveur des monarques et des grands, si je ne désire point leurs richesses, et si, pour leur plaire, il me faut causer le moindre déplaisir à mon Dieu ? Que me font leurs honneurs, si j'ai une fois bien compris que le plus grand honneur d'un pauvre consiste à être véritablement pauvre ? Je tiens que les honneurs et les richesses vont presque toujours de compagnie ; celui qui aime l'honneur ne saurait haïr les richesses et celui qui abhorre les richesses ne se soucie guère de l'honneur. Entendez bien ceci, je vous prie.

A mon sens, ces honneurs humains entraînent toujours quelque attache aux biens temporels. C'est merveille que dans le monde une personne pauvre soit honorée ; quel que soit son mérite, l'on fait d'elle peu de cas. Mais quant à la véritable pauvreté, j'entends celle que l'on embrasse uniquement pour l'amour de Dieu, elle porte une dignité qui s'impose à tous ; elle n'a à contenter que Dieu et elle est sûre d'avoir beaucoup d'amis dès qu'elle n'a besoin de personne. Je le sais pour l'avoir vu.

Mais comme il existe tant d'écrits sur cette vertu, je m'arrête. D'ailleurs, incapable d'en saisir l'excellence et encore moins d'en parler dignement, je crans de la rabaisser par mes louanges. Qu'il me suffise d'avoir exposé ce que l'expérience m'a appris. J'avoue même que j'ai été jusqu'ici tellement hors de moi que je ne me suis pas entendue moi-même. Mais je ne change rien à ce que j'ai dit pour l'amour de Notre-Seigneur.

Songez que nos armes sont la sainte pauvreté ; au commencement de notre Ordre elle fut si estimée et si étroitement observée par nos bienheureux pères, qu'ils ne gardaient rien d'un jour à l'autre, ainsi que me l'ont affirmé des hommes qui sont à même de le savoir. Puisque à l'extérieur la pauvreté chez nous est moins austère, faisons effort pour qu'elle soit parfaite à l'intérieur. Nous n'avons que deux heures à vivre ; et puis, quelle récompense ! Mais quand il n'y en aurait point d'autre que de suivre un conseil de Notre-Seigneur, quel salaire pour nous que le bonheur d'imiter en quelque sorte ce divin Maître ! Voilà les armes que l'on doit voir sur nos bannières. Que le plus cher de nos voeux soit de garder la pauvreté intacte, dans nos demeures, dans nos vêtements, dans nos paroles et beaucoup plus dans nos pensées. Tant que vous tiendrez cette conduite, ne craignez point de voir déchoir la régularité qui règne dans cette maison. Sainte Claire appelait la pauvreté et l'humilité les deux grands murs de la vie religieuse et elle souhaitait en enclore ses monastères. En effet, que la pauvreté soit bien observée, elle sera, tant pour l'honneur du couvent que pour tout le reste, un bien plus ferme rempart que la magnificence des édifices. Gardez-vous, mes filles, d'élever de ces bâtiments superbes ; je vous le demande pour l'amour de Dieu, et par le sang de son Fils. Si cela vous arrivait, mon voeu, que je forme en conscience, est qu'ils s'écroulent le jour même où ils seraient achevés. Ce serait très mal, mes filles, de bâtir de grandes maisons avec le bien des pauvres.

Dieu nous en préserve ! Nos maisons doivent être petites et pauvres. Ressemblons en quelque chose à notre Roi ; il n'a eu en ce monde que l'étable de Bethléem où il est né, et la croix où il est mort : deux demeures, celles-là, où il ne pouvait y avoir que bien peu d'agrément. Quant à ceux qui aiment les vastes constructions, ils savent ce qu'ils font, et ils ont sans doute des intentions saintes. Mais pour treize pauvres petites religieuses, le moindre coin suffit. Ayez, je le veux, un enclos et dans cet enclos quelques ermitages où chacune de vous puisse aller prier seule. Je dis même qu'à cause de l'étroite clôture où vous vivez, cela vous est nécessaire, et j'ajoute que la solitude de ces ermitages favorise le recueillement de la prière et contribue à la dévotion. Mais des édifices vastes, ou quelque ornement recherché, Dieu nous en préserve ! Ayez sans cesse présente à l'esprit cette pensée, que tout doit s'écrouler au jour du jugement ; et qui sait si ce jour n'est pas proche ? Or, conviendrait-il que la maison de treize misérables religieuses fît un grand bruit en s'écroulant ? Les vrais pauvres n'en doivent pas faire ; ils seront gens de petit bruit, s'ils veulent qu'on ait compassion d'eux.

Quelle joie pour vous, mes filles, si quelqu'un se délivrait de l'enfer par une aumône qu'il vous aurait faite ! Or tout est possible, obligées comme vous l'êtes, de prier très assidûment pour vos bienfaiteurs. Toute aumône nous vient sans doute du Seigneur, mais il veut que nous en sachions gré à ceux par qui il nous la fait. Soyez donc toujours fidèles à payer ce tribut de reconnaissance et de prières.

Je ne sais ce que j'avais commencé à dire, parce que j'ai fait une digression. C'est Notre-Seigneur, je n'en doute pas, qui l'a ainsi voulu : jamais je n'avais pensé à écrire ce qui précède. Je prie sa divine Majesté de nous soutenir toujours de sa main, afin que l'on ne nous voie jamais déchoir de cette perfection de la pauvreté. Amen.

CHAPITRE TROIS

Suite du sujet commencé dans le premier chapitre. - L'occupation continuelle des soeurs doit être de prier Dieu pour ceux qui travaillent au bien de l'Eglise

Je reviens au but principal pour lequel Notre-Seigneur nous a réunies dans cette maison. Mon désir ardent est que nous soyons quelque chose qui contente sa divine Majesté. A la vue du mal que font les hérétiques, à la vue de l'incendie que les forces humaines ne peuvent empêcher de s'étendre, voici ce qui m'a semblé nécessaire. En temps de guerre, lorsque les ennemis dévastent tout un pays, le prince, à bout d'expédients, se retire avec l'élite de ses troupes dans une ville qu'il fait solidement fortifier. De là il opère des sorties, et comme il ne mène au combat que des braves, souvent avec une poignée d'hommes il cause plus de mal à l'ennemi qu'avec des soldats nombreux, mais lâches. Par cette tactique, souvent on triomphe de ses adversaires, et si l'on ne remporte pas la victoire, au moins n'est-on pas vaincu. Pourvu qu'il ne se rencontre pas de traître dans la place, on y est invincible ; si on succombe, ce n'est que par la famine. Dans la forteresse où se trouvent retranchés les défenseurs de l'Église, on ne connaît point de famine qui force à capituler : ils peuvent mourir ; être vaincus, jamais. Mais quel est mon dessein en vous tenant ce langage ? C'est, mes soeurs, de vous faire connaître le but de nos prières. Ainsi, ce que nous devons demander à Dieu, c'est qu'il ne permette point que dans cette petite place forte, où se sont retirés les bons chrétiens, il s'en rencontre un seul qui passe au camp ennemi ; c'est qu'il donne aux capitaines de cette place ou de cette ville, c'est-à-dire aux prédicateurs et aux théologiens, des qualités supérieures ; enfin, comme ces capitaines, pour la plupart, sont tirés des ordres religieux, qu'il les fasse avancer dans la perfection propre à leur état. Cela est absolument nécessaire, puisque c'est du bras ecclésiastique, et non du bras séculier, comme je l'ai dit, que nous doit venir le secours. Quant à nous, incapables, à ce double point de vue, de rendre aucun service à notre Roi, efforçons-nous d'être telles, que nos prières puissent aider ces serviteurs de Jésus-Christ. N'oublions pas que c'est par une grande constance dans l'étude et dans la pratique de la vertu, qu'ils se sont rendus capables de défendre la cause de Notre-Seigneur.

Mais, direz-vous peut-être, pourquoi tant insister sur ce sujet, et pourquoi nous exhorter à secourir ceux qui sont meilleurs que nous ? Je vais vous en donner la raison : je ne crois pas que vous compreniez encore assez toute la grandeur du bienfait que Dieu vous a accordé, quand il vous a conduites dans un asile où vous vivez si tranquilles, loin des affaires, des occasions dangereuses et du commerce du monde. C'est là une très grande faveur. Or, les serviteurs de Dieu dont je parle ne jouissent pas de ces avantages ; cela ne convient même pas, et de nos jours moins que jamais. Leur office est de fortifier les faibles et de donner du courage aux petits ; imaginez des soldats sans capitaine. Il faut donc qu'ils vivent parmi les hommes, qu'ils conversent avec les hommes, qu'ils paraissent dans les palais, et que parfois même, leur extérieur les rende semblables à ceux qu'ils travaillent à sauver. Or, pensez-vous, mes filles, qu'il faille peu de vertu pour traiter avec le monde, pour vivre dans le monde, pour s'occuper des affaires du monde ? Pensez-vous qu'il faille peu de vertu pour condescendre, comme je l'ai dit, aux usages du monde, et pour être en même temps, dans son coeur, éloigné du monde, ennemi du monde ; pour y vivre comme dans un lieu de bannissement ; enfin, pour être non des hommes, mais des anges ? Car s'ils ne sont tels, ils ne sont pas dignes du nom de capitaines, et je prie Notre-Seigneur de ne pas permettre qu'ils sortent de leurs cellules. Ils feraient beaucoup plus de mal que de bien. Il ne faut point aujourd'hui qu'on voie des imperfections en ceux qui doivent enseigner les autres. Si leur vertu n'a jeté de profondes racines, s'ils ne sont fortement persuadés qu'ils doivent fouler aux pieds tous les intérêts de la terre, et vivre détachés de toutes les choses périssables pour ne s'attacher qu'aux éternelles, en vain voudraient-ils couvrir leurs imperfections, elles se trahiront d'elles-mêmes. Ils ont affaire avec le monde, c'est tout dire : ils peuvent s'assurer qu'il ne leur pardonnera rien, et qu'aucun de leurs actes imparfaits ne lui échappera. Les bonnes actions passeront souvent inaperçues pour lui, peut-être même ne les jugera-t-il pas telles ; mais les mauvaises ou les imparfaites, n'ayez pas peur. Je me demande, avec grand étonnement, qui peut apprendre aux gens du monde ce que c'est que la perfection. Car ils la connaissent, non pour la suivre, ils ne s'y croient point obligés et s'imaginent que c'est bien assez pour eux d'observer les commandements ; mais pour la condamner chez les autres. Ne vont-ils pas quelque fois jusqu'à prendre pour imperfection ce qui est une vertu ? Ainsi donc, gardez-vous de croire qu'il ne faille à ces athlètes qu'un faible secours d'en haut pour soutenir le grand combat où ils s'engagent.

C'est pourquoi je vous conjure de travailler à devenir telles, que vous obteniez de Dieu deux choses : la première, que parmi tant de savants et de religieux, il s'en rencontre beaucoup avec les qualités nécessaires pour servir utilement la cause de l'Église, et que ce Dieu de bonté daigne rendre capables ceux qui ne le sont pas assez, attendu qu'un seul homme parfait rendra plus de services qu'un grand nombre d'imparfaits ; la seconde, que lorsqu'ils seront une fois engagés dans cette mêlée, où la bataille est furieuse, je le répète, Notre-Seigneur les soutienne de sa main, afin qu'ils échappent à tant de périls qui les environnent dans le monde, et qu'ils ferment leurs oreilles aux chants des sirènes qui se rencontrent sur cette mer dangereuse. S'il plaît à Dieu que nous servions peu ou prou à cette victoire, nous aurons, nous aussi, du fond de notre solitude, combattu pour la cause de Dieu. A ce prix, je m'estimerai heureuse des souffrances que m'a coûtées la fondation de ce petit monastère, où j'ai voulu faire revivre, dans toute sa perfection, la règle primitive de notre Dame et Souveraine.

Ne vous imaginez pas qu'il soit inutile d'être ainsi continuellement occupées à prier Dieu pour les défenseurs de son Eglise : gardez-vous de partager le sentiment de certaines personnes à qui il paraît fort dur de ne pas prier beaucoup pour elles-mêmes. Est-il meilleure oraison que celle dont je parle ? Peut-être craignez-vous qu'elle ne serve pas à diminuer les peines que vous devez souffrir dans le purgatoire : je vous réponds qu'elle y servira. Et si elle ne suffit pas, eh bien, tant pis. Que m'importe, à moi, de rester jusqu'au jour du jugement en purgatoire, si par mes prières je sauve une seule âme ; combien plus si je suis utile à plusieurs et si je rends gloire à Dieu ? Méprisez des peines qui ont un terme, dès qu'il s'agit de rendre un service plus signalé à Celui qui a tant souffert pour l'amour de Notre-Seigneur, de lui demander qu'il exauce ces prières que nous lui adressons pour les défenseurs de sa cause. Quant à moi, toute misérable que je suis, j'implore de mon divin Maître cet avancement de sa gloire et du bien de son Eglise ; je n'ai pas d'autres désirs.

C'est bien de l'audace, à moi, de croire que je puisse avoir en cette matière quelque crédit auprès de Dieu. Aussi, O mon Seigneur, ce n'est point en moi que je me confie, mais en mes compagnes, vos servantes. Je sais qu'elles n'ont d'autre désir ou d'autre ambition que de vous plaire. Elles ont quitté pour l'amour de vous le peu qu'elles avaient, et elles auraient voulu posséder de plus grands biens, afin de les abandonner pour votre service. O mon Créateur, non, vous n'êtes point si ingrat que je puisse douter seulement de votre fidélité à les exaucer. Pendant que vous étiez sur la terre, mon divin Maître, vous n'avez point abhorré les femmes ; toujours, au contraire, avec la plus tendre bonté, vous avez répandu sur elles les trésors de votre grâce[1].

Ne nous écoutez pas, quand nous vous demanderons des honneurs, des revenus, de l'argent ou quelque autre chose de celles que le monde recherche. Mais, ô Père éternel, quand nous ne vous demanderons rien que pour la gloire de votre Fils, pourquoi n'exauceriez-vous pas elles qui seraient prêtes à perdre mille vies, et tous les honneurs du monde, pour l'amour de vous ? Montrez-vous propice, Seigneur, non à cause de nous, nous ne le méritons pas, mais à cause du sang et des mérites de votre Fils. O Père éternel, considérez que tant de coups de verges, tant d'outrages, tant d'indicibles tourments qu'il a soufferts, ne sont pas à mettre en oubli. Et comment, ô mon Créateur, des entrailles aussi tendres que les vôtres pourraient-elles souffrir ces excès d'ingratitude dont votre Fils est la victime ? ce sacrement où il nous a aimés jusqu'à l'extrême, qu'il a institué pour vous plaire et pour obéir au commandement que vous lui aviez fait de nous aimer, est l'objet de la haine de ces hérétiques de nos jours ; ils enlèvent à notre Jésus les sanctuaires où il avait fixé sa demeure, et ils démolissent ses églises. Encore, s'il avait manqué à quelque chose de ce qu'il devait faire pour vous contenter : mais il a tout accompli. N'était-ce pas assez, ô Père éternel, que durant sa vie, il n'ait pas eu où reposer sa tête, et qu'il ait été continuellement accablé de tant de souffrances ? Faut-il qu'on lui ravisse aujourd'hui les asiles où il convie ses amis, et les fortifie de cette nourriture qu'il sait leur être nécessaire pour soutenir leur faiblesse ? N'avait-il pas surabondamment satisfait pour le péché d'Adam ? et faut-il que toutes les fois que nous péchons, ce très aimant Agneau paye encore pour nous ? Ne le permettez pas, ô mon Souverain! Que votre Majesté s'apaise ; détournez votre vue de nos péchés ; souvenez-vous que nous avons été rachetés par votre Fils très saint ; ne considérez que ses mérites, les mérites de sa glorieuse Mère, et ceux de tant de saints et de martyrs qui ont donné leur vie pour votre service.

Mais, hélas ! ô mon Maître, quelle est la créature qui a osé vous présenter cette requête au nom de tous ! Mes filles, quelle mauvaise médiatrice vous avez en moi ! qu'elle est peu digne de parler en votre nom, et d'obtenir ce qu'elle demande ! ce souverain juge ne va-t-il pas s'indigner encore davantage à la vue de ma témérité ? Seigneur, ce serait avec raison et justice ; mais considérez que vous êtes maintenant un Dieu de miséricorde : exercez-la envers cette pauvre pécheresse, ce chétif ver de terre qui ose prendre tant de hardiesse en votre présence. Oubliez mes oeuvres, ô mon Dieu ; ne voyez que les désirs de mon coeur, et les larmes avec lesquelles je vous supplie de m'accorder cette grâce : au nom de vous-même, ayez pitié, je vous en conjure, de tant d'âmes qui vont à leur perte ; secourez votre Eglise ; arrêtez, Seigneur, le cours de tant de maux qui affligent la chrétienté, et, sans plus tarder, faites briller votre lumière au milieu de ces ténèbres.

Mes soeurs, recommandez, je vous en conjure, à Jésus-Christ cette chétive créature, et suppliez-le de lui donner l'humilité : je vous le demande comme une chose à laquelle vous êtes tenues. Si je ne vous exhorte point à prier d'une manière particulière pour les rois, pour les prélats de l'Eglise, et spécialement pour notre évêque, c'est que je vous vois maintenant si soigneuses de le faire que je tiens ma recommandation pour superflue. Mais celles qui viendront après nous doivent comprendre que si elles ont un saint supérieur, elles seront saintes. Comme il est si important que Dieu vous donne de tels hommes pour vous gouverner, ne cessez point de lui demander une pareille faveur.

Je viens de vous indiquer la fin à laquelle vous devez rapporter vos oraisons, vos désirs, vos disciplines, vos jeûnes ; si vous y manquez, sachez que vous ne faites point ce que Jésus-Christ attend de vous, et que vous n'atteignez point le but que vous devez poursuivre dans ce Carmel.

---

1. Ici le manuscrit de l'Escurial offre une page entièrement biffée et raturée. Au risque et malgré quelque crainte de déplaire à la sainte, D. Francisco Herrero Bayona a essayé

de déchiffrer le texte effacé. En voici quelques lignes : « vous avez rencontré, Seigneur, chez les femmes, autant d'amour et plus de foi que chez les hommes... Votre très sainte Mère était femme ; nous espérons en ses mérites et nous, qui portons son habit, nous avons malgré nos fautes une particulière confiance... Vous êtes un juge équitable et vous ne ressemblez pas aux juges de ce monde. Ceux-ci, étant fils d'Adam et en définitive tous des hommes, se défient de n'importe quelle vertu des femmes. Oui, un jour viendra, ô mon Roi, où tous seront mis à découvert. Je ne parle pas pour moi ; car le monde connaît déjà mes misères et je me réjouis de leur publicité. Mais il y a des circonstances où il n'est pas raisonnable de rebuter des coeurs vertueux et forts, fussent-ils des coeurs de femmes. »

LES FONDEMENTS DE LA PRIÈRE: LA CHARITÉ FRATERNELLE

CHAPITRE UN

Observation de la règle.- Trois points importants dans la vie spirituelle.

Vous venez de voir, mes filles, la grandeur de l'entreprise où nous prétendons réussir. Or, quelle ne doit pas être notre vertu, si nous ne voulons point passer pour fort téméraires aux yeux de Dieu et des hommes ! Il est évident que nous avons besoin de beaucoup travailler. Une chose nous y aidera, c'est de tenir bien haut nos pensées pour tâcher d'élever aussi nos oeuvres. Attachons-nous ensuite à observer avec un soin parfait notre règle et nos constitutions, et Notre-Seigneur, je l'espère, exaucera nos voeux. Je ne vous impose rien de nouveau, mes filles. Je vous demande seulement la fidélité à votre profession, selon l'appel de Dieu et selon vos promesses ; mais il y a fidélité et fidélité très différentes.

Il est dit, dans la première de nos règles, que nous devons prier sans cesse. Si vous remplissez, avec tout le soin possible, ce devoir, qui est le plus important, vous ne manquerez ni aux jeûnes, ni aux disciplines, ni au silence, auxquels l'ordre nous oblige. Vous savez bien, mes filles, que l'oraison, pour être véritable, doit s'aider de tout cela, et que les délicatesses et l'oraison ne s'accordent point ensemble.

C'est sur l'oraison, mes filles, que vous m'avez demandé de dire quelque chose. Je le ferai ; mais en échange, je vous prie de mettre en pratique et de lire souvent avec affection ce que j'ai dit jusqu'ici. Toute fois, avant de parler de ce qui est intérieur ou le l'oraison, il est certains points dont je crois devoir vous entretenir. A mon avis, ils sont nécessaires aux âmes qui aspirent à marcher dans le chemin de l'oraison, qu'en les pratiquant, elles pourront se trouver très avancées dans le service de Dieu, sans être de grandes contemplatives ; si au contraire ces points sont négligés, non seulement il est impossible qu'elles soient fort élevées dans la contemplation, mais elles s'abuseront étrangement, si elles croient l'être. Je prie Notre-Seigneur de daigner m'enseigner lui-même ce que je dois vous dire, afin qu'il en tire sa gloire. Amen.

Ne pensez pas, mes amies et mes soeurs, que les choses dont je vais vous recommander la pratique soient en grand nombre. Plaise à Notre-Seigneur que nous gardions seulement bien celles que nos saints pères ont ordonnées et qu'ils ont observées ! C'est par ce chemin qu'ils sont arrivés à la sainteté ; en prendre un autre ou par son propre choix ou par le conseil d'autrui, ce serait s'égarer. Je ne parlerai, avec quelque étendue, que de trois points de nos constitutions : il nous importe extrêmement de comprendre combien il nous est avantageux de les garder pour jouir de cette paix intérieure et extérieure tant recommandée par Notre-Seigneur. Je traiterai d'abord de l'amour que vous devez avoir les unes envers les autres ; ensuite, du détachement de toutes les créatures ; enfin, de la véritable humilité : ce point, bien que j'en parle en dernier lieu, est néanmoins le principal et embrasse toutes les autres.

Ce grand amour mutuel, que j'ai nommé en premier lieu, est de la plus haute importance ; en effet, il n'y a rien de si difficile à supporter qui ne paraisse facile entre ceux qui s'aiment, et il faudrait qu'une chose fût étrangement rude pour pouvoir leur donner de la peine. Si ce commandement était observé dans le monde comme il devrait l'être, il contribuerait beaucoup à l'observation des autres ; mais tantôt par excès et tantôt par défaut, nous ne parvenons jamais à le garder parfaitement.

Il semble que l'excès ne saurait être nuisible dans les monastères de religieuses. Il cause néanmoins un tel dommage et traîne après lui tant d'imperfections, qu'à mon avis il faut l'avoir vu de ses propres yeux pour le croire. Le démon s'en sert pour séduire et enlacer les consciences de mille manières. Les âmes qui ne veulent servir Dieu que fort imparfaitement, s'en aperçoivent peu et prennent pour vertu ces excès de tendresse. Mais celles qui aspirent à la perfection en connaissent bien le danger, et sentent qu'ils affaiblissent peu à peu la volonté, et l'empêchent de s'employer tout entière à aimer Dieu. Ce défaut doit, je crois, se rencontrer bien plus parmi les femmes que parmi les hommes. Les dommages qu'il cause dans une communauté sont manifestes. L'amour que toutes doivent avoir les unes pour les autres en est diminué ; l'on souffre du déplaisir qui est fait à son amie ; on désire avoir de quoi lui faire présent ; on cherche les occasions de lui parler, le plus souvent c'est pour lui dire combien on l'aime, ou d'autres choses non moins déplacées, et non pour l'entretenir de l'amour qu'on a pour Dieu. Ces grandes amitiés ont rarement pour fin de s'entraider à aimer Dieu davantage. Je crois plutôt que le démon les fait naître pour former des partis dans les ordres religieux. Lorsqu'on s'aime pour servir Notre-Seigneur, les effets le font bien connaître ; la passion n'est pour rien dans ces amitiés, et l'on n'y cherche au contraire qu'à s'animer mutuellement à vaincre les autres passions ? De ces sortes d'amitiés, je souhaiterais qu'il y en eût beaucoup dans les grands monastères. Mais pour cette maison où nous ne sommes et ne devons être que treize, toutes les religieuses doivent être amies ; toutes se doivent assister. Ainsi, pour l'amour de Notre-Seigneur, je vous en conjure, gardez-vous de ces amitiés particulières, quelque saintes qu'elles soient : selon moi, loin d'offrir aucun avantage, elles sont d'ordinaire, entre religieux, un poison ; et si ces religieux sont parents, c'est encore pis, elles sont une peste.

Ce que je vous dis vous paraît peut-être exagéré : croyez néanmoins, mes soeurs, que la conduite que je vous trace referme une grande perfection, met l'âme dans une grande paix, et fait éviter plusieurs occasions d'offenser Dieu à celles qui ne sont pas encore très fortes. Ne vous étonnez pas cependant si quelque fois vous sentez plus d'inclination pour une soeur que pour une autre ; ce sera malgré vous ; il y a là un mouvement instinctif et qui vous portera souvent à aimer des personnes plus pauvres de vertu, mais plus riches des dons naturels. Notre devoir alors est de combattre énergiquement cette affection, et de ne point nous en laisser dominer.

Aimons les vertus et les biens intérieurs, et, par un constant effort, accoutumons-nous à ne point faire cas des ces biens extérieurs. O mes soeurs, ne consentons jamais que notre coeur soit esclave de qui que ce soit, si ce n'est de Celui qui l'a racheté de son sang.

Que l'on y prenne garde : une religieuse pourrait, sans savoir comment, se trouver en de liens dont elle n'aurait pas la force de se dégager. Et de là, grand Dieu ! des enfantillages sans nombre, si petits d'ailleurs et si ridicules qu'il faut les voir pour les croire : aucune raison d'en parler ici.

J'ajouterai seulement : en quelque personne que cela se trouve, c'est un mal ; mais dans une supérieure, c'est une peste.

Il faut mettre un grand soin à couper la racine de ces amitiés dangereuses, dès qu'elles commencent ; mais cela doit se faire avec adresse, et avec plus d'amour que de rigueur. Un excellent remède pour cela, c'est de n'être ensemble qu'aux heures marquées par la règle, et hors de là, de ne se point parler, ainsi que nous le pratiquons maintenant, mais de demeurer séparées chacune dans sa cellule, comme la règle l'ordonne. Ainsi, quoique ce soit une coutume louable de se réunir pour le travail dans une salle commune, je désire que dans ce monastère de Saint-Joseph les religieuses soient affranchies de cet usage, parce qu'il est plus facile de garder le silence, quand chacune travaille retirée dans sa cellule. D'ailleurs, il importe extrêmement de s'habituer à la solitude pour faire des progrès dans l'oraison ; et comme c'est l'oraison qui doit être le ciment de ce monastère, il faut nous affectionner à tout ce qui peut en aider la pratique.

Pour revenir à l'amour que vous devez avoir les unes pour les autres, il me semble que ce serait vous faire injure de vous le recommander. Quels sauvages ne s'aimeraient, si, comme vous, ils demeuraient et communiquaient toujours ensemble, sans relations, ni entretiens, ni délassements avec les personnes du dehors ? Combien cet amour vous devient facile, quand vous pensez que Dieu aime chacune de vos soeurs, et qu'elles aiment Dieu, puisqu'elles ont tout abandonné pour lui. La vertu a d'ailleurs par elle-même un attrait qui la fait aimer, et j'espère bien de la bonté de Dieu que la vertu sera toujours le partage des religieuses de ce monastère. Il n'est donc pas nécessaire d'insister beaucoup sur l'obligation de vous aimer les unes les autres. Mais comment devez-vous vous aimer ? A quelle marque pouvons-nous reconnaître que nous possédons cette précieuse vertu, tant recommandée par Jésus-Christ à tous les fidèles, et surtout à ses apôtres ? Voilà les points sur lesquels je souhaite vous dire quelque chose, selon mon peu de capacité. Si vous le trouvez mieux expliqué en d'autres livres, ne vous arrêtez point à ce que j'en écrirai ; car peut-être ne sais-je pas ce que je dis.

L'amour dont je traite est de deux sortes. L'un, entièrement spirituel, est tellement dégagé des sens et de la tendresse naturelle, que rien n'en ternit la pureté. L'autre est spirituel aussi ; mais il s'y m^le quelque chose de sensible et d'humain, qui ressemble à l'affection naturelle des parents et des amis, et qui paraît légitime. J'en ai parlé plus haut.

Je veux maintenant traiter de celui qui est purement spirituel et sans mélange. Si peu que la passion entre dans cet amour spirituel, elle trouble toute l'harmonie intérieure de l'âme : au contraire si la sagesse et la discrétion règlent nos rapports avec les personnes vertueuses, il n'y a pour nous que des avantages.

Je dis cela en particulier au sujet des confesseurs.

Si l'on aperçoit dans le confesseur quelque tendance à la légèreté, qu'on tienne pour suspecte toute sa direction, qu'on évite d'avoir avec lui des entretiens, même de vertu, qu'on se confesse en peu de mots et qu'on se retire. Le mieux sera de dire alors à la prieure qu'on ne se trouve pas bien de ses rapports avec lui. C'est un confesseur à remplacer, si l'on peut toutefois prendre ainsi le parti le plus sage, sans blesser sa réputation.

En pareil cas et en d'autres aussi difficiles, où le démon pourrait nous embarrasser, si nous ne savons à qui demander conseil, le plus sûr est d'en conférer avec un homme instruit. Cette liberté s'accorde quand il y a nécessité. On se confesse à lui, on lui expose le cas et on fait ce qu'il ordonne. Quand il faut absolument prendre un parti, on peut se tromper beaucoup. Combien qui se trompent dans le monde, pour n'avoir pas demandé conseil, surtout s'il s'agit des intérêts du prochain ! La décision s'impose nécessairement en ces rencontres ; parce que quand le démon commence l'attaque, ainsi que je l'ai dit, c'est pour aller loin, à moins qu'on ne l'arrête court.

Donc, le parti le plus sûr est de parler à un autre confesseur, quand cela peut se faire, et j'espère de la bonté de Notre-Seigneur que cela sera toujours possible.

Je désire, mes filles, que vous compreniez l'importance de cet avis : car la légèreté dans un confesseur est un danger ; c'est la perte et la damnation de la communauté entière. N'attendez pas que le mal ait fait de grands progrès ; mais, dès le principe, travaillez à l'extirper par tous les moyens qui dépendent de vous, et dont vous croirez pouvoir user en conscience. J'espère que Notre-Seigneur ne permettra pas que des personnes, dont la vie doit être une oraison continuelle, puissent porter de l'attachement à d'autres qu'à de grands serviteurs de Dieu. S'il en était autrement, elles ne seraient certainement pas des âmes d'oraison, elles ne tendraient point à la perfection à laquelle on doit aspirer dans ce monastère. Dès là donc qu'elles verront qu'un confesseur n'entend pas leur langage, et n'aime pas à parler de Dieu, elles ne pourront lui être attachées, parce qu'il ne leur ressemble en rien. S'il leur ressemble au contraire, étant donné le peu d'occasions qu'il a de les voir, ou il sera bien naïf ou il évitera soit de s'inquiéter lui-même, soit d'inquiéter les servantes de Dieu[1].

J'ai dit que le démon peut nuire beaucoup à tout un monastère par cette légèreté possible du confesseur ; mais c'est un mal dont on ne s'aperçoit que très tard, et qui par conséquent est capable de ruiner peu à peu la perfection, sans que l'on sache de quelle manière. Le moyen qu'emploiera ce confesseur pour communiquer aux religieuses ce qu'il y a de frivole dans son âme, c'est de leur faire tout passer pour des bagatelles. Que Dieu, au nom de son infinie bonté, nous délivre de semblables choses ! C'en est assez pour troubler toutes les religieuses, parce que leur conscience leur dit le contraire de ce que dit leur confesseur. Si de plus on les force de n'avoir que ce confesseur, elles ne savent que faire ni comment calmer le trouble de leur esprit, celui qui devrait le calmer et y apporter le remède étant celui-là même qui le cause. Il doit se rencontrer de grandes afflictions se ce genre en quelques endroits et j'en éprouve une vive compassion. Aussi ne vous étonnez point du soin que je mets à vous faire connaître ce péril.

---

1. Ces considérations sur les rapports du confesseur avec les religieuses paraîtront bien concises et peu claires à plus d'un lecteur. L'obscurité des dernières lignes provient de la suppression d'un long passage sur l'amour des religieuses pour le confesseur, passage que la sainte a laissé dans son ms de l'Escurial et qu'elle n'a pas reproduit dans son ms de Valladolid

En voici la traduction :

« Si nous mettons de la mesure et de la discrétion dans l'amour même un peu sensible, tout y deviendra méritoire, et ce qui nous paraissait sensibilité se changera en vertu. Cependant l'une et l'autre sont quelquefois si mêlées que le discernement en est difficile, surtout si l'affection se porte sur quelque confesseur. Quand un confesseur est vertueux et qu'il a l'intelligence de leurs voies spirituelles, les personnes d'oraison s'attachent beaucoup à lui. Mais le démon aussitôt dresse tout une batterie de scrupules, dont il espère embarrasser l'âme, surtout si le confesseur l'attire à une plus haute perfection. Fatiguée à la fin, elle abandonne le confesseur, et avec un second, avec un troisième, c'est la même tentation, le même tourment.

Ce que peuvent faire alors ces personnes, c'est de distraire leur esprit de l'amour qu'elles ont ou qu'elles n'ont pas. Et si elles aiment, eh bien ! qu'elles aiment. Pourquoi donc, quand nous aimons ceux qui font du bien à notre corps, n'aimerions-nous pas ceux qui travaillent au bien de nos âmes ? J'estime au contraire que c'est un commencement fort utile et un moyen très heureux de progresser que de s'affectionner au confesseur, quand il est saint, spirituel et qu'il s'applique activement à notre avancement dans la vertu. Telle est notre faiblesse que parfois il nous aide ainsi puissamment à exécuter de très grandes choses au service de Dieu.

Si le confesseur n'est pas sérieux, il y a danger. Le danger peut être grave, dans un monastère de clôture stricte, beaucoup plus qu'ailleurs, qu'un confesseur s'aperçoive qu'il est aimé. Comme il est malaisé de discerner les qualités d'un bon confesseur, on a besoin de beaucoup de prudence et de circonspection. Le meilleur serait qu'il ignorât l'attachement qu'on lui porte et qu'on ne lui en parlât pas. Mais le démon presse si habilement qu'il empêche cette réserve. Il persuade à ces personnes que toute la matière de leur confession se réduit à cela, et qu'elles sont obligées d'en faire l'aveu. Aussi voudrais-je les convaincre que cela n'est rien et ne mérite pas leur attention.

Qu'elles m'écoutent ; si elles s'aperçoivent que toutes les exhortations du confesseur tendent au progrès de leur âme, si elles voient en lui aucun signe de légèreté : (elles le remarqueront bientôt à moins de vouloir faire les naïves), enfin si elles reconnaissent qu'il a la crainte de Dieu, quelques tentations que leur donne cet attachement, elles ne doivent pas s'en préoccuper : le démon se fatiguera le premier et les laissera en paix. »

CHAPITRE DEUX

*Combien il importe que les confesseurs
soient instruits.*

Je conjure Notre-Seigneur, au nom de son infinie bonté, de faire qu'aucune d'entre vous n'éprouve jamais dans cette maison la torture d'âme et de corps dont je viens de parler.
Si c'est la supérieure qui a un attachement pour le confesseur, les religieuses n'oseront rien dire ni à la supérieure de ce qui regarde le confesseur, ni à celui-ci de ce qui regarde la supérieure, et alors viendra la tentation de taire des péchés fort graves, par la crainte de se voir tracassées. O mon Dieu ! quel ravage le démon ne peut-il pas faire par là ! Que cette contrainte et ce faux point d'honneur coûtent cher ! A leurs yeux, c'est donner une haute idée de l'observance de leur monastère, et faire beaucoup pour sa réputation, que de n'avoir qu'un seul confesseur. Le démon vise ainsi à se rendre maître d'âmes qu'il ne pourrait séduire par un autre moyen. Si elles demandent un autre confesseur, on croit que c'est renverser toute la discipline de l'Institut. Et si celui qu'elles demandent n'est pas de notre Ordre, fût-il un saint[1], on s'imagine qu'un simple entretien avec lui est un affront à la communauté.

Quant à moi, je demande, pour l'amour de Dieu, à celle qui sera prieure, qu'elle assure absolument cette sainte liberté de traiter avec d'autres qu'avec les confesseurs ordinaires ; qu'elle s'entende avec l'Évêque ou le Provincial pour qu'elle puisse, et les autres soeurs autant qu'elle, parler de son intérieur avec des hommes instruits, surtout si leurs confesseurs ne le sont pas, quelque vertueux qu'ils soient d'ailleurs[2].

La science est d'un admirable secours pour donner lumière en toutes choses. Il vous sera possible de trouver des hommes qui uniront la doctrine et la vertu. Plus Notre-Seigneur vous fera de grâces dans l'oraison, plus il devient nécessaire que votre oraison et toutes vos oeuvres reposent sur un fondement solide.

Il y faut avant tout une bonne conscience, avec la résolution énergique d'éviter les péchés véniels, et d'embrasser ce qui est le plus parfait. Vous vous imaginerez peut-être que tous les confesseurs le savent ; mais c'est une erreur. Car il m'est arrivé à moi-même de traiter de choses de conscience avec un d'entre eux qui avait fait tout son cours de théologie, et qui me causa beaucoup de tort en me disant que certaines choses n'étaient rien. Il n'avait, j'en suis sûre, ni l'intention de me tromper, ni sujet de le vouloir ; mais il n'en savait pas davantage. La même chose m'est arrivée avec deux ou trois autres.

C'est tout notre bien à nous que cette certitude au sujet de la perfection pratique au service de Dieu. C'est là le fondement de notre oraison. Quand ce fondement n'est pas solide, tout l'édifice porte à faux : et c'est ce qui arriverait, si l'on nous enlevait la liberté de nous confesser à des hommes ornés de qualités que j'indiquais plus haut, et de communiquer avec eux de ce qui regarde notre intérieur[3]. J'ose dire plus ; quand bien même le confesseur ordinaire réunirait la science et la piété, vous devez de temps en temps en consulter un autre[4].

Ce confesseur, en effet, peut se tromper, et il ne faut pas que toutes les religieuses puissent se tromper à cause de lui. Je vous recommande seulement de ne rien faire contre l'obéissance, attendu que, pour atteindre ce but, les moyens légitimes ne vous manquent pas. Cette libre communication procure un grand bien aux âmes ; il est donc du devoir de la prieure d'en faire jouir ses religieuses, autant qu'elle pourra.

Tout ce que je viens de dire regarde la supérieure. Et je lui demande à nouveau de donner à ses religieuses, qui ne cherchent ici d'autre consolation que celle de l'âme, cette particulière consolation. Dieu conduit les âmes par des chemins différents. Un confesseur ne les connaît pas tous, par cela seul qu'il est confesseur. Je vous en donne l'assurance, mes filles, si vous êtes ce que vous devez être, malgré votre pauvreté, vous trouverez toujours des personnes saintes qui voudront communiquer avec vous et vous consoler. Car celui qui donne la nourriture à vos corps, saura susciter des hommes qui voudront et qui sauront éclairer vos âmes.

De cette manière, vous n'avez point à gémir de ce défaut de liberté qui est le mal que je crains pour vous. S'il arrive alors que le confesseur, par un artifice du démon, se trompe sur quelque point de la doctrine, cela ne saurait avoir de suites graves. Dès qu'il sait que vous soumettez à d'autres l'état de votre âme, il prendra garde de plus près à lui, et il sera plus circonspect dans tous ses rapports avec vous.

Cette porte une fois fermée au démon, j'espère de la bonté divine qu'il n'en trouvera point d'autre pour entrer dans ce monastère. Et ainsi, je demande, pour l'amour de Notre-Seigneur, à l'Evêque sous la conduite duquel sera le couvent, qu'il y maintienne toujours cette liberté ; et que le jour où il se rencontrera ici des hommes qui unissent la sainteté de la vie à la solidité de la doctrine, ce qui est facile à savoir dans une ville aussi petite, il n'empêche pas les religieuses de communiquer avec eux[5].

Si je trace ici cette règle de conduite, c'est que l'expérience et les lumières de la raison m'en ont fait voir la nécessité ; j'ai consulté en outre des personnes doctes et saintes. Elles ont examiné ce qui était le plus propre à faire avancer ce monastère dans les voies de la perfection. Or, de tous les dangers, car il s'en rencontre en tout durant cette vie, nous avons trouvé que le moindre était celui qui pouvait résulter de cette liberté. Il a été également décidé qu'aucun vicaire, ou remplaçant du supérieur, ne devrait pouvoir entrer dans le monastère ; que ce droit ne devait pas non plus être accordé au confesseur ; mais que leur office devait se borner à veiller au recueillement de la maison, à ce que tout s'y passe avec bienséance, et que l'on y avance intérieurement et extérieurement dans la pratique de la vertu. S'ils voient que l'on manque à quelqu'un de ces points, qu'ils en informent celui qui gouverne le monastère, mais qu'ils n'exercent pas eux-mêmes la charge de supérieur[6].

Ce que je viens de dire est ce qui s'observe maintenant dans ce monastère, non par mon seul avis, mais par celui de plusieurs personnages instruits, avancés dans les voies spirituelles, et de grande expérience. Ce monastère, en effet, pour plusieurs raisons, ne fut pas soumis à l'Ordre, mais à l'évêque actuel de cette ville, don Alvaro de Mendoza, qui nous est profondément dévoué. Grand serviteur de Dieu, et d'une illustre naissance, très zélé pour tout ce qui tient à l'observance et à la sainteté dans les maisons religieuses, ce prélat convoqua une réunion d'hommes éminents, et l'on y résolut ce que j'ai dit. Les supérieures devront donc à l'avenir se conformer à cet avis, puisqu'il vient de gens si vertueux, après tant d'oraisons faites pour obtenir la lumière au sujet du meilleur parti à prendre. Si l'on en juge par les résultats, ce qui a été arrêté par eux est certainement ce qu'il y a de meilleur. Plaise au divin Maître que cela dure pour sa plus grande gloire. Amen.

---

1. « Fût-il un saint Jérôme. » (Esc.)
2. « Louez beaucoup Dieu, mes filles, de la liberté que vous avez. Bien que votre choix soit restreint, vous pouvez cependant vous adresser à quelques confesseurs, qui, sans être les ordinaires, vous donneront toute lumière. Je demande à celle qui sera en charge qu'elle traite elle-même et qu'elle permette à ses soeurs de traiter avec un homme instruit. Dieu vous préserve de suivre en tout les avis d'un directeur, qui n'aura pas la science, quelle que soit d'ailleurs la vertu qu'il paraisse avoir ou qu'il ait en réalité. » (Esc.)
3. « Si on défendait aux religieuses de se confesser à d'autres qu'au confesseur ordinaire, elles devraient, en dehors de la confession, exposer les affaires de leur âme aux personnes dont je parle. »(Esc.)
4. En marge du manuscrit on lit la note suivante qui paraît être du P. Banès : « Ceci est juste. Il y a des maîtres spirituels qui, pour ne pas se tromper, condamne tout, comme venant du démon ; et en cela ils se commettent une plus grave erreur, parce qu'ils étouffent l'Esprit du Seigneur, comme dit l'Apôtre. »
5. « L'inconvénient que peut amener la multiplicité des confesseurs n'est rien en comparaison du mal considérable, caché, et presque sans remède, pour ainsi dire, que cause la conduite opposée. Les monastères ont ceci de propre que le bien y décline rapidement, si on n'exerce une active surveillance, et que le mal, une fois introduit, s'extirpe avec la plus grande peine ; car en très peu de temps les imperfections deviennent des habitudes et des choses naturelles... » (Esc.)
6. « Qu'il y ait un confesseur ordinaire et que ce soit le chapelain lui-même, s'il en est jugé digne ; et que chaque fois qu'une âme en aura besoin, elle puisse s'adresser aux personnes déjà indiquées, sauf avis donné au supérieur lui-même. Si l'évêque peut s'en remettre à la Mère prieure, qu'il lui laisse ce soin. Les religieuses sont peu nombreuses et ne prendront beaucoup de temps à personne. » (Esc.)

CHAPITRE TROIS

Reprise et suite de l'amour parfait.

J'ai fait une longue digression ; mais ce que j'ai dit est si important que quiconque le comprendra ne me blâmera point.
Revenons à cet amour que nous devons avoir les unes pour les autres et qui est purement spirituel. Je ne sais si je me comprends moi-même ; mais je pourrai du moins être brève, parce que l'amour dont je parle est le fait du petit nombre. Que celle à qui le Seigneur l'a donné ne se lasse point de l'en bénir ; car cet amour doit être fort parfait. Enfin je veux dire quelque chose, et ce ne sera peut-être pas sans utilité. Il suffit en effet de mettre la vertu sous les yeux pour qu'elle gagne l'affection de ceux qui la désirent et qui aspirent à la posséder. Plaise au Seigneur que j'aie et l'intelligence de ce sujet et plus encore des paroles pour l'exprimer ; car il me manque peut-être une idée précise de ce qui est spirituel ; je ne discerne peut-être pas bien aussi quand il s'y mêle du sensible ; bref, je ne sais comment j'ose aborder cette matière. Je ressemble à ces personnes qui entendent parler de loin, sans pouvoir saisir le sens des paroles : il doit parfois m'arriver de ne pas entendre moi-même ce que j'ai dit ; et Dieu fait pourtant que c'est bien dit. Si d'autres fois ce que je dis n'a pas de sens, rien d'étonnant en cela ; car ce qui m'est le plus naturel, c'est de ne réussir en rien.

Voici ce qui se présente actuellement à mon esprit. Quand une âme, éclairée de Dieu, connaît bien la nature et la valeur vraie de ce monde, la vérité du monde futur, leur différence, l'éternité de l'un, le rêve rapide de l'autre ; quand elle sait ce qu'est l'amour du Créateur et celui de la créature, et qu'elle le sait non par une simple vue de l'esprit, ou par la foi, mais par une connaissance expérimentale, ce qui est bien différent ; quand elle voit, quand elle goûte ce qu'est le Créateur et ce qu'est la créature, ce que l'on gagne au service de l'un et ce que l'on perd au service de l'autre ; quand elle découvre encore d'autres vérités que Notre-Seigneur enseigne à ceux qui s'abandonnent à sa conduite dans l'oraison, ou qu'il daigne lui-même instruire directement ; quand une âme en est là, elle aime tout autrement que ceux qui ne sont point parvenus à ce degré.

Vous trouverez peut-être, mes soeurs, qu'il est superflu de vous entretenir de ce sujet, et que vous savez toutes ce que je viens de dire. Plaise au Seigneur qu'il en soit ainsi, et que cette connaissance soit comme il convient et gravée dans vos coeurs ! Mais alors vous avouerez que je ne mens pas en affirmant que les âmes, que Dieu illumine de la sorte, possèdent cet amour. Les personnes que Dieu élève à cet état, sont des âmes généreuses, des âmes royales. Elles ne mettent pas leur bonheur à aimer quelque chose d'aussi misérable que ces corps, quelle que soit leur beauté, quelle que soit leur grâce. Ils peuvent bien plaire à leur vue et leur donner sujet de louer le Créateur ; mais les captiver, je veux dire arrêter et fixer leur amour sur ces charmes extérieurs, elles croiraient s'attacher à un néant, embrasser une ombre, s'avilir, et n'oseraient plus, sans une confusion extrême, dire à Dieu qu'elles l'aiment.

Vous allez m'objecter : Ces âmes ne savent donc pas aimer, ni payer de retour l'affection qu'on a pour elles. Du moins puis-je répondre, elles ne se soucient guère d'être aimées. Si quelquefois, par un premier mouvement naturel, elles se réjouissent de l'attachement qu'on leur porte, rentrant aussitôt en elles-mêmes, elles reconnaissent que c'est un désordre ; elles n'exceptent de cette indifférence que les personnes dont la science ou l'oraison peut les faire avancer dans les voies du salut. Toute autre affection les fatigue, tant elle leur paraît inutile et même nuisible. Cependant elles ne laissent pas d'en être reconnaissantes, et c'est en recommandant à Dieu ceux dont elles sont aimées qu'elles les payent de leur amour. Elles considèrent l'affection qu'on a pour elles comme une dette que Notre-Seigneur est chargé de payer ; elles voient qu'il est, lui, l'auteur de ce sentiment ; car ne découvrant en elles-mêmes rien d'aimable, elles se persuadent n'être aimées qu'en raison de l'amour de Dieu pour elles. Ainsi, elles laissent au divin Maître le soin d'acquitter cette dette ; elles le supplient de le faire ; et elles se tiennent désormais tranquilles, comme si elles n'étaient pour rien en tout cela.

Tout bien considéré, je pense quelquefois qu'il y a beaucoup d'aveuglement dans ce désir que nous avons d'être aimés, à moins que nous ne cherchions, comme je l'ai dit, l'amour de ceux qui peuvent aider à notre perfection. Remarquons en effet que, dans ce désir d'affection humaine, il entre toujours quelque recherche d'utilité ou de plaisir ; mais les personnes arrivées à la perfection, foulent aux pieds tous les biens et plaisirs du monde. Aucune satisfaction, quand même elles le voudraient, pour ainsi dire, aucun contentement ne leur est possible, si ce n'est avec Dieu, ou dans les entretiens dont Dieu est l'objet. Quel profit leur peut-il donc revenir d'être aimées ? Cette vérité toujours présente à leur esprit, elles rient d'elles-mêmes et de la peine que leur donnait autrefois l'inquiétude de savoir si leur affection était ou non payée de retour.

Quelque parfait pourtant que soit l'amour, il est naturel à ceux qui aiment de désirer qu'on les aime aussi. Mais ce retour obtenu, que saisissons-nous ? Une paille que le vent emporte, de l'air, du vide. Nous eût-on aimés de l'amour le plus ardent, que nous en reste-t-il ? Aussi les âmes divinement éclairées se soucient peu d'être aimées ou de ne l'être pas ; elles ne cherchent même l'affection de ceux qui peuvent être utiles à leur salut, que parce qu'elles savent la faiblesse humaine prompte à se lasser, si quelque amour ne la soutient.

Vous pensez que de telles âmes n'aiment ni ne savent aimer personne, hormis Dieu. Au contraire elles aiment d'un amour plus vrai, d'un amour plus ardent, d'un amour plus utile ; enfin, c'est de l'amour, un amour généreux et qui s'attache à donner beaucoup plus qu'à recevoir, même avec Dieu. J'affirme que cette manière d'aimer mérite le nom d'amour, plutôt que ces basses affections de la terre qui l'ont usurpé.

Mais, me direz-vous encore, puisque ces personnes n'aiment rien de ce qui frappe leur sens, à quoi s'attachent-elles ? Je vous répondrai qu'elles aiment ce qu'elles voient, et s'affectionnent à ce qu'elles entendent ; mais les choses qu'elles voient, quand elles aiment, sont des choses stables, parce que sans s'arrêter aux corps, leur regard descend au fond des âmes, afin de découvrir s'il y a en elles quelque chose qui mérite d'être aimé. Ne verraient-elles dans une âme qu'une faible disposition au bien et une simple espérance qu'en creusant cette mine, elles trouveront de l'or, dès là qu'elles aiment, rien ne leur coûte. Aucune peine qui ne leur soit légère, aucun effort auquel elles ne soient prêtes pour le bien de cette âme. Car elles désirent que leur affection dure et ne finisse pas : chose impossible si l'âme qu'elles aiment n'a pas des vertus et un grand amour de Dieu. Impossible, dis-je, que leur affection dure toujours : cette âme en effet les obligeât-elle de toute manière, quand elle mourrait d'amour pour elles, quand elle leur rendrait tous les services possibles, quand elle aurait toutes les grâces réunies de la nature, il ne serait pas au pouvoir de ces personnes de lui garder un amour constant. Elles connaissent, elles ont vu par expérience le néant de tout ; rien de ce qui passe ne pourrait les éblouir. Elles savent qu'elles seront à jamais séparées ; elles savent par suite que leur amitié doit cesser un jour. La mort y mettra un terme, si cette âme meurt infidèle à la loi de Dieu. Chacune alors ira de son côté : dans ces conditions l'amour est impossible et les âmes parfaites le savent bien.

Ainsi, ces personnes en qui Dieu a répandu la véritable sagesse, loin d'estimer trop cette amitié qui finit ici-bas, ne l'apprécient pas même ce qu'elle vaut. Car enfin pour ceux qui recherchent leur félicité dans les biens de ce monde, dans les plaisirs, les honneurs, les richesses, cette amitié a son prix, quand l'opulence et la position des amis peuvent leur procurer ces fêtes et ces plaisirs. Mais quiconque a tout cela en horreur en fait peu ou point de cas.

Lorsque ces âmes aiment une personne, elles travaillent avec une sainte passion à lui faire aimer Dieu, afin qu'elle en soit aimée ; car elles savent, je le répète, que si elle n'est pas aimée de Dieu, le lien qui les unit ne durera pas. Rien de plus laborieux que cet amour ; il ne néglige rien pour procurer l'avancement de la personne aimée ; elles donneraient mille vies pour lui obtenir le moindre avantage spirituel. O précieux amour qui s'applique à imiter le chef, le Prince de l'amour, Jésus, notre bien !

CHAPITRE QUATRE

Suite du même sujet.- Quelques avis pour obtenir l'amour spirituel.

C'est une chose étrange que l'intensité de cet amour. Qu'il fait couler de larmes ! Qu'il coûte de pénitences et d'oraisons ! Quel soin de recommander l'âme qu'on aime à tous ceux que l'on croit puissants auprès du Seigneur, afin qu'ils la lui recommandent ! Quel désir constant de son avancement spirituel, et quelle douleur si on ne constate pas le progrès ! Mais quel supplice lorsque, au moment où on la croyait déjà affermie dans la vertu, on la voit faire quelques pas en arrière ! Il semble alors qu'on ne puisse plus goûter aucun plaisir dans la vie. On ne mange, on ne dort qu'assailli par cette sollicitude ; on tremble sans cesse que cette âme si chère se perde, et qu'on ne soit forcé de se séparer d'elle pour jamais. Quant à la mort temporelle, on la compte pour rien ; car on n'a point donné son affection à ce qu'un souffle enlève des mains, malgré toutes les résistances. Non, je le répète, point d'intérêt propre dans cet amour : tout ce qu'on désire, tout ce qu'on veut, c'est de voir l'âme qu'on aime riche des biens du ciel. Le voilà le véritable amour, et non ces misérables attachements de la terre !

Je ne parle pas ici de l'amour criminel ; que Dieu nous en préserve ! Je dirai, comme de l'enfer, qu'il est inutile de nous fatiguer à décrire ses horreurs ; on n'arrivera pas à exagérer le moindre de ses maux. Pour nous, mes soeurs, nous ne devons jamais prononcer seulement le nom de cet amour, ni penser qu'il existe dans le monde, ni consentir à en entendre parler, soit par plaisanterie, soit d'une manière sérieuse, ni souffrir en notre présence aucun entretien ni récit qui y ait le moindre rapport. Il n'en peut résulter aucun bien, et l'âme pourrait être blessée en prêtant l'oreille à de tels discours. J'entends donc par ces attachements de la terre cet amour légitime que nous nous portons mutuellement, ou celui qui existe entre parents et amis. Que produit cet amour ? Il nous met dans une crainte continuelle de perdre la personne que nous aimons. A-t-elle des maux de tête, notre âme en est malade ; est-elle en proie à quelques peines, nous en perdons patience ; et ainsi de tout le reste.

L'amour spirituel est différent. Il éprouve sans doute ce premier mouvement de sensibilité pour les souffrances de la personne qui lui est chère, mais bientôt la lumière de la raison venant à son secours, il considère si ces maux sont utiles au bien de cette âme, de quelle manière elle les supporte, et s'ils la fortifient dans la vertu ; il prie Dieu de lui donner la patience, et de lui faire trouver dans ce qu'elle souffre une source de mérites. S'aperçoit-il que cette grâce est accordée, dès lors il ne ressent plus de peine, il tressaille de joie, il se console. A la vérité, il aimerait mieux prendre sur lui tout ce qu'endure cette âme, plutôt que de la voir souffrir, s'il pouvait lui céder le mérite et le gain de la souffrance ; mais avant tout il désire qu'elle n'éprouve ni inquiétude, ni trouble.

Je me plais à le redire, les coeurs qui aiment de cette sorte imitent l'adorable modèle de l'amour, notre divin Jésus. Leurs services sont précieux ; ils prennent sur eux tous les travaux, et voudraient que les autres en recueillent le profit, sans en avoir la peine. Quel trésor que leur amitié pour les âmes qui on t le bonheur d'en jouir ! Qu'on me croie, ou ils rompront ce commerce intime de l'amitié, ou ils obtiendront de Notre-Seigneur, comme jadis Monique pour saint Augustin, qu'elles marchent par la même voie, puisqu'ils vont à la même patrie. Ils ne sauraient user d'aucun artifice envers ces âmes : les voient-ils s'écarter du droit chemin, ils le leur disent aussitôt ; leur voient-ils commettre quelque faute, ils ne leur dissimulent rien, tant qu'elles n'ont pas réformé leur vie. De là il résulte ou qu'elles se corrigent, ou qu'elles renoncent à l'amitié ; parce que leur conduite ne peut ni ne doit se tolérer. C'est de part et d'autre une guerre continuelle. Désintéressés de tout le monde et de ce qu'il fait pour ou contre Dieu, un seul souci les absorbe, celui de leurs amis qu'ils suivent dans les moindres détails, et dont ils découvrent jusqu'aux atomes. Ils portent ,je le répète, une bien pesante croix.

C'est cette manière d'aimer que je voudrais voir régner parmi vous. Sans doute, dès le commencement, elle n'aura point ce haut degré de perfection ; mais le divin Maître, n'en doutons pas, ira la perfectionnant de jour en jour. Commençons par employer les moyens. Quand il se mêlerait un peu de tendresse dans l'amour mutuel que nous nous portons, cela ne nuirait point, pourvu que ce soit en général pour toutes nos soeurs. Il est bon, il est même nécessaire que l'on ressente une tendre affection pour ses soeurs et qu'on le manifeste en compatissant à leurs peines et à leurs infirmités, bien qu'elles ne soient pas grandes. Car quelquefois une personne éprouve autant de peine pour un sujet très léger qu'une autre pour une grande tribulation ; il est des caractères qui se contristent beaucoup pour peu de chose. Si votre caractère est différent, ne laissez pas de porter à ces personnes une tendre compassion. Qui sait si Notre-Seigneur, en vous préservant de ces peines, n'a pas dessein de vous éprouver par d'autres, et si celles qui vous sembleront fort rudes, et qui le seront en effet, ne paraîtront pas légères à plusieurs ? Ainsi donc ne jugeons point des autres par nous-même, et ne nous considérons point dans le temps où, peut-être sans aucun travail de notre part, Notre-Seigneur nous a rendues plus fortes, mais considérons-nous dans le temps où nous avons été plus faibles. Souvenez-vous de cet important avis ; vous saurez alors compatir aux souffrances du prochain, quelque petites qu'elles soient. Cet avis regarde surtout des âmes fortes dont j'ai parlé, à qui la soif de souffrir fait trouver toutes les croix légères ; il est nécessaire qu'elles ne perdent pas de vue leur faiblesse passée, et considèrent que si elles en sont exemptes, cela ne vient pas d'elles. Sans cela le démon pourrait refroidir la charité envers le prochain et faire prendre pour perfection ce qui est défaut.

Il faut en toutes choses du soin et de la vigilance, parce que l'ennemi de notre salut ne dort jamais. Les âmes qui aspirent à une plus grande perfection doivent être plus sur leurs gardes, car le démon, n'osant les attaquer de front, emploie contre elles des tentations fort cachées, en sorte que, si ces âmes ne sont pas attentives à elles-mêmes, elles ne s'aperçoivent du dommage qu'après qu'il est arrivé. Enfin, c'est une nécessité de toujours veiller et de toujours prier ; il n'y a point de meilleur moyen que l'oraison pour découvrir les ruses secrètes de l'esprit de ténèbres, et pour le forcer à se trahir lui-même.

Vous devez aussi, mes filles, faire en sorte d'être gaies avec vos soeurs, quand elles ont besoin de se récréer ; j'en dis autant pour les récréations ordinaires, quoique vous n'y sentiez aucun attrait. Si une compassion mutuelle est très louable, il faut prendre garde qu'elle ne vous porte à manquer à la discrétion ou à l'obéissance. La prieure fait-elle un commandement, que dans le fond de votre coeur vous trouvez rude, n'en laissez rien paraître, n'en dites rien à personne, si ce n'est à la prieure elle-même, et avec humilité ; une conduite différente nuirait beaucoup au monastère.

Il est important que vous connaissiez les choses auxquelles vous devez être sensibles, et qui doivent vous inspirer de la compassion pour vos soeurs. Vous devez toujours être vivement touchées de toute faute que vous leur voyez commettre, si elle est notoire ; c'est en supportant ces fautes, sans vous en étonner, que vous montrerez et exercerez excellemment l'amour que vous avez pour vos soeurs ; de leur côté elles feront de même à l'égard de vos fautes, qui, bien que vous ne le remarquiez point, sont sans doute en plus grand nombre. La charité doit aussi vous porter à recommander instamment vos soeurs à Dieu, et à faire de généreux efforts pour pratiquer, avec une grande perfection, la vertu contraire à la faute que vous aurez remarquée en elles. Cherchez à les instruire par vos actions : elles ne seraient peut-être pas capables de comprendre vos paroles ni d'en profiter, non plus que des châtiments ; tandis que cette manière de pratiquer les vertus qu'on voit briller dans les autres, est fort persuasive. C'est là un avis utile et je vous prie de n'en pas perdre le souvenir.

Oh ! quelle véritable et parfaite amitié que celle d'une soeur qui travaille au bien spirituel de toutes, préférant leurs intérêts aux siens propres, pratiquant toutes les vertus dans un degré éminent, et observant sa règle avec une grande perfection ! Une telle amitié vaut mieux que toutes les paroles de tendresse qu'on peut imaginer, paroles dont on n'use pas et dont on ne doit jamais user dans ce monastère, comme celles-ci : Ma vie, mon âme, mon bien, et d'autres semblables. Réservez ces paroles de tendresse pour votre Epoux : ayant tant de temps à passer avec lui, et à être seules avec lui seul, toutes ces paroles vous seront nécessaires à l'égard de sa divine Majesté, qui daigne les supporter. Si vous en usiez entre vous, elles ne vous attendriraient plus autant le coeur dans vos entretiens avec Notre-Seigneur. Hors ces entretiens, il n'y a pas lieu de les employer. Un tel langage sent beaucoup la femme. Or je désire, mes filles, que vous soyez et que vous ne paraissiez femmes en rien, mais qu'en tout vous égaliez les hommes forts. Et si vous faites ce qui est en vous, Notre-Seigneur vous donnera un courage si mâle que vous étonnerez les hommes eux-mêmes. Et que cela est facile à celui qui a bien pu nous tirer du néant !

C'est encore donner une excellente marque d'amour, que de tâcher d'enlever à ses soeurs et de prendre pour soi ce qu'il y a de fatigant dans les offices de la maison. C'en est une autre de se réjouir de leurs progrès dans la vertu, et d'en louer vivement Notre-Seigneur.

Toutes ces choses, outre le grand bien qui en revient à celles qui les pratiquent, contribuent beaucoup à la paix et à l'union entre les soeurs. Nous en faisons maintenant l'expérience dans ce monastère, par la bonté de Notre-Seigneur. Daigne sa divine Majesté conserver à jamais parmi nous cette union ! Ce serait une chose terrible que le contraire arrivât ; quel supplice que d'être en petit nombre, et de ne pas s'entendre ! Que Dieu ne le permette jamais !

Si, par hasard, il échappait quelque petite parole qui vint troubler cette paix, il faut y apporter remède sur-le-champ, et recourir à Notre-Seigneur dans de ferventes oraisons. Il ne faut pas non plus laisser s'établir parmi vous des coteries, des ambitions, des points d'honneur. A la seule pensée que cela pourrait arriver un jour, il me semble que mon sang se glace dans mes veines ! Je vois que c'est le plus grand mal des monastères. S'il pénétrait chez vous, mes filles, tenez-vous pour perdues. Croyez que vous avez chassé votre Epoux de sa propre maison, et qu'ainsi vous le contraignez d'en aller chercher une autre ; implorez son secours instamment, cherchez un remède ; car si des confessions et des communions si fréquentes n'en apportent point, craignez qu'il n'y ait parmi vous quelque Judas.

Que la prieure, pour l'amour de Dieu, veille avec un soin extrême à ne pas laisser s'introduire ces désordres,

Et que dès le principe elle en arrête le cours ; car si l'on n'y remédie sur-le-champ, le mal sera sans remède. Quant à celle qui sera la cause du trouble, il faut tâcher de l'envoyer dans un autre monastère ; ne doutez pas que Dieu ne vous procure de quoi lui donner une dot. Chassez loin de vous cette peste ; coupez les rameaux de cette plante funeste, et si cela ne suffit point, arrachez la racine. Que si vous ne pouvez faire passer cette religieuse dans un autre monastère, enfermez-la dans une prison, d'où elle ne sorte jamais ; mieux vaut la traiter ainsi, que de souffrir qu'elle communique à toutes les autres un mal si contagieux et si incurable. Oh ! que ce mal est grand ! Dieu nous délivre d'un monastère où il entre ! Quant à moi, je préférerais y voir entrer un feu qui nous réduisit toutes en cendres.

Mais, comme je pense parler ailleurs un peu plus au long de cet important sujet, je n'en dirai pas davantage en ce moment.

LES FONDEMENTS DE LA PRIÈRE: LE DÉTACHEMENT

CHAPITRE UN

Du détachement intérieur et extérieur.

Venons maintenant au détachement dans lequel nous devons vivre ; tout est là, si nous le pratiquons parfaitement. En effet, quand notre âme s'attache uniquement au Créateur, et considère comme un pur néant toutes les choses créées, ce grand Dieu enrichit admirablement notre âme de vertus infuses ; et, si peu que nous travaillions dans la mesure de nos moyens, il nous reste peu à combattre. Car le Seigneur s'arme lui-même pour nous défendre, et contre les démons, et contre le monde entier. Pensez-vous, mes soeurs, que ce soit un mince avantage que de nous donner tout entières, sans réserve, sans partage, à Celui qui est notre tout et l'unique source de tous les biens ? Rendons-lui, mes soeurs, mille actions de grâces de ce qu'il a daigné nous réunir dans une maison, où il n'est question que de détachement. Aussi je ne sais vraiment pourquoi je parle d'un pareil sujet, attendu qu'il n'y en a pas une parmi vous qui ne soit capable de m'en donner des leçons. Sur ce point si important, je suis loin, je le confesse, de la perfection que je désire et que je devrais avoir ; j'en dis autant de toutes les vertus et de tout ce que je consigne dans ce traité ; car il est bien plus facile d'écrire que d'agir. Encore aurai-je de la peine à n'écrire que des choses justes, parce qu'il faut les avoir éprouvées pour savoir les dire ; et moi, j'y réussirai, sans doute, pour avoir éprouvé le contraire des vertus dont je parle.

Quant à l'extérieur, on voit assez combien nous sommes ici séparées de tout. O mes soeurs, je vous en conjure, pour l'amour de Dieu, comprenez la grâce insigne qu'il vous a accordée en vous réunissant dans cet asile ! Que chacune y réfléchisse sérieusement. Il n'y a ici que douze soeurs, et Dieu a voulu que vous fussiez de ce nombre. Combien d'autres, qui nous étaient supérieures en vertu, seraient venues volontiers ; et c'est moi, indigne, que le Seigneur a choisie. Soyez béni, ô mon Dieu, et que toutes les créatures s'unissent à moi pour vous louer ; car seule je ne saurais dignement reconnaître ni cette grâce, ni tant d'autres qu'il vous a plu de m'accorder. Je compte parmi les plus insignes celle d'avoir été appelée par vous à la vie religieuse. Mais comme j'ai été si pauvre de vertu, vous ne vous êtes point fié à moi, Seigneur. Dans la maison où vous m'aviez placée, je me trouvais au milieu d'un grand nombre de bonnes religieuses, et l'imperfection de ma vie aurait pu rester cachée jusqu'à mon dernier jour. C'est pourquoi vous m'avez conduite dans ce monastère où, vu le petit nombre des soeurs, mes défauts doivent nécessairement être connus ; et afin que je veille sur moi avec plus de soin, vous m'ôtez toutes les occasions de vous être infidèle. Il n'y a donc plus d'excuse pour moi, Seigneur, je le confesse, et ainsi j'ai besoin plus que jamais de votre miséricorde, afin que vous me pardonniez les fautes que je pourrais désormais commettre.

Ce que je demande instamment, c'est que celles qui ne se sentiront pas la force d'observer ce qui se pratique en cette maison, le déclarent. Il y a d'autres couvents où Dieu est servi, elles y peuvent aller ; mais qu'elles ne troublent point cette poignée de religieuses que le divin Maître a réunies ici. En d'autres monastères, elles auront la liberté de se consoler avec leurs parents. Ici, quand quelques parents sont admis à nous visiter, c'est uniquement pour leur consolation. La religieuse qui désire voir ses proches pour sa propre consolation, doit se regarder comme imparfaite ; j'excepte le cas où ils seraient avancés dans la vie spirituelle. Hors de là, que cette religieuse le sache : elle n'est point détachée ; son âme est malade, elle ne jouira pas de la liberté de l'esprit, elle n'aura point une paix parfaite, elle a besoin de médecin. Avec cette attache et cette faiblesse, elle n'est pas faite pour nous. Le meilleur remède, à mon avis, est qu'on s'abstienne de voir ses parents jusqu'à ce qu'on sente son âme libre, et qu'on ait obtenu cette grâce de Dieu par une oraison persévérante. Quand une soeur en sera à trouver une croix dans leur visite, qu'elle les voie, à la bonne heure, car alors elle leur fera du bien et ne se fera point de mal.

CHAPITRE DEUX

Combien il importe aux religieux de rompre avec leurs parents et quels amis vraiment dignes de ce nom trouvent-elles alors.

O h ! si nous concevions le dommage que cause un fréquent commerce avec les parents, comme nous les fuirions ! je ne comprends pas pour ma part la consolation qu'on y trouve, même pour la paix et le repos du coeur, car il ne peut être question du service de Dieu ; leurs joies ne nous étant ni permises ni possibles, ce n'est qu'à leurs peines que nous pouvons prendre part ; et nous les pleurons toutes les unes après les autres, plus quelquefois qu'ils ne le feront eux-mêmes. Allez, si leurs cadeaux soulagent le corps, l'esprit les paiera toujours. Ce dernier inconvénient nous touche peu ici. Comme tout est en commun, et que nulle de vous ne peut recevoir un cadeau pour elle en particulier, l'aumône qui vous est faite appartient à la communauté. Vous n'êtes donc pas tenues d'avoir à ce sujet de la complaisance pour vos parents ; Notre-Seigneur, vous le savez, doit pourvoir en commun aux besoins de toutes.

Je suis épouvantée du dommage que font ces rapports fréquents avec la famille ; il y faut être passé pour le croire. Et pourtant quel oubli, aujourd'hui, dans les maisons religieuses, de ce parfait détachement !

Je ne sais vraiment ce qu'abandonnent dans le monde ceux qui prétendent avoir tout quitté pour Dieu, s'ils ne se séparent du principal, c'est-à-dire des parents. Et tel est l'abus, que l'on veut faire passer pour un défaut de vertu, en des personnes religieuses, de ne pas aimer beaucoup leurs proches, et de ne pas les voir souvent. Voilà ce que l'on dit avec le monde et ce que l'on appuie sur les raisons du monde. Dans ce monastère, mes filles, ayons grand soin de recommander à Dieu nos parents, c'est un devoir : mais ensuite éloignons-les le plus que nous pourrons de notre souvenir, parce que c'est une chose naturelle de nous attacher à eux plutôt qu'aux autres personnes. Mes parents n'ont extrêmement aimée, disait-on, et je les aimais jusqu'à les empêcher de m'oublier. Et néanmoins j'ai reconnu, par ce qui m'est arrivé ainsi qu'à d'autres religieuses, combien peu il faut compter sur leur attachement pour nous. J'excepte ici les pères et mères qui restent fidèles à leurs enfants ; aussi est-il juste, quand ils ont besoin de consolation, de leur en procurer, sans préjudice toutefois de nos devoirs : on peut, en le faisant, conserver un détachement parfait ; j'en dis autant des frères et des soeurs. Quant aux autres parents, c'est d'eux que j'ai eu le moins de secours au milieu des grands besoins où je me suis vue ; le secours m'est venu des serviteurs de Dieu. Croyez, mes soeurs, que si vous le servez fidèlement, vous ne trouverez point de meilleurs parents que ceux que le divin Maître vous enverra : je sais qu'il en est ainsi. Et si vous vous conduisez, comme vous le faites, d'après cette conviction, si vous comprenez que vous ne pourriez agir autrement, sans manquer à votre véritable ami, à votre Epoux, croyez qu'en très peu de temps vous arriverez à cette liberté du coeur. Croyez en outre que vous pouvez accorder plus de confiance à ceux qui vous aimeront pour Dieu seul, qu'à tous vos parents réunis ; croyez que de tels amis ne vous manqueront jamais, et que vous trouverez dans ceux à qui vous pensiez le moins, des pères et des frères. Comme ils n'attendent que de Dieu seul la récompense, ils travaillent pour nous. Ceux, au contraire, qui attendent de nous le salaire de leurs services, nous voyant pauvres et dans l'impuissance de leur être utiles en quoi que ce soit, se lassent bientôt de nous assister ; à la vérité, cela n'est pas général, mais c'est pourtant le plus ordinaire, parce qu'enfin le monde est toujours le monde.

Si l'on vous dit le contraire, et qu'on veuille le faire passer pour une vertu, ne le croyez pas. Il vous en arriverait tant de maux, qu'il faudrait m'engager dans un long discours pour vous les représenter tous. Mais de plus habiles que moi ont traité ce sujet, je n'ajoute rien. Si, toute imparfaite que je suis, j'ai suffisamment compris cette matière, quelle lumière n'auront pas es parfaits ! On ne cesse de nous dire de fuir le monde, les saints nous le conseillent ; il est donc clair que cela est salutaire. Or, croyez-m'en, ce qui nous attache le plus fortement au monde, comme je l'ai dit, et ce dont nous avons le plus de peine à nous détacher, ce sont les parents. C'est pourquoi ceux qui, pour entrer dans la vie religieuse, abandonnent leur pays, font bien, pourvu que cet éloignement les détache de l'affection de leurs parents. Car le véritable détachement ne consiste pas, selon moi, à s'éloigner des corps ; il consiste à s'unir de toute son âme à Jésus-Christ, notre souverain bien et notre Maître. Comme alors on trouve tout en lui, on oublie tout le reste. Aussi longtemps donc que nous ne serons pas pénétrées de cette vérité, l'éloignement nous sera fort utile ; mais après, il pourra se faire que Notre-Seigneur change en croix ce qui nous plaisait, et qu'il veuille de nous ces rapports avec les parents.

CHAPITRE TROIS

*Du détachement de nous-mêmes
et de l'humilité.*

Il peut sembler qu'après nous être détachées du monde et de nos parents, enfermées comme nous le sommes, il ne nous reste plus rien à faire, et qu'il n'y a plus de combats à livrer. O mes soeurs, ne vous abandonnez pas à une pareille sécurité, et ne vous laissez pas aller au sommeil. Vous ressembleriez à celui qui, le soir, ferme soigneusement les portes, de crainte des voleurs, et se couche ensuite fort tranquille, tandis qu'il a les voleurs dans la maison. Il n'y a pires voleurs, vous le savez, que ceux qui sont dedans. Or, nous demeurons nous-mêmes dedans, et si on ne procède pas avec grande précaution, si, comme dans l'affaire la plus importante, on ne veille pas à vaincre sa volonté, mille choses nous raviront cette sainte liberté d'esprit et l'empêcheront de voler, libre du poids de son corps, vers le Créateur.

Pour détacher nos affections des choses passagères d'ici-bas, et les attacher à ce qui ne doit jamais finir, ayons sans cesse présente à l'esprit la pensée que tout n'est que vanité, et que tout finit en un moment. Le moyen peut sembler faible, et cependant il communique peu à peu à l'âme une grande vigueur. De plus, ayons grand soin, même dans les plus petites choses, dès que nous sentons une attache, d'éloigner notre pensée de l'objet qui nous captive, et de la ramener à Dieu. Le secours de Dieu ne nous manquera pas. Déjà, par une précieuse faveur, il nous a réunies dans cet asile où je puis dire que le plus difficile est fait. Reste pourtant à nous détacher de nous-mêmes et à lutter contre notre nature, chose rude encore, parce que nous tenons à nous-mêmes par un lien si intime, par un si grand amour ! Heureusement la véritable humilité vient ici à notre aide. Car cette vertu et la mortification vont toujours ensemble : ce sont deux soeurs qu'il ne faut point séparer. Rien de commun entre ces soeurs et la famille à qui vous devez renoncer ; je vous exhorte, au contraire à vivre intimement avec elles, à les chérir, et à ne vous jamais éloigner de leur société.

O souveraines vertus, reines du monde, chères amies de Jésus-Christ notre Maître, qui, dans sa vie mortelle, ne se vit jamais un instant sans vous ! saintes vertus qui exercez un suprême empire sur toutes les créatures, qui nous délivrez de toutes les ruses et de tous les pièges du démon ! Celui qui vous possède peut se montrer avec assurance, et combattre contre tout l'enfer ligué, contre le monde et toutes ses séductions. Qu'il n'ait pas peur de qui que ce soit, car le royaume des cieux lui appartient. Et que pourrait-il craindre, lui qui compte pour rien de tout perdre ici-bas, et qui, dans cette perte même, trouve un gain ? Il ne craint qu'une chose, c'est de déplaire à son Dieu. C'est pourquoi il le supplie de le fortifier dans ces deux vertus, afin qu'il ne les perde pas par sa faute. A la vérité, ces vertus ont cela de propre qu'elles se cachent à celui qui en est orné. Jamais il ne les aperçoit en lui, et il ne peut se persuader qu'il les possède, quoi qu'on lui dise pour l'en convaincre. Mais elles sont d'un si grand prix à ses yeux, qu'il travaille sans cesse à les acquérir, et il s'y perfectionne de jour en jour. C'est en vain, toutefois, que ceux qui ont ces vertus en partage voudraient les cacher ; elles éclatent au-dehors ; et il suffit de traiter avec eux pour les découvrir, quoi qu'ils fassent.

Mais quelle n'est pas ma témérité d'entreprendre de louer l'humilité et la mortification, après que le Roi de gloire les a lui-même tant louées, si admirablement consacrées par ses propres souffrances ! Voilà donc, mes filles, le travail à faire pour sortir de la terre d'Egypte ; avec ces deux vertus, vous aurez la manne du désert. Tout vous sera savoureux, et ce qui est le plus amer au goût des gens du mode vous sera doux.

La première chose à faire, c'est de se dépouiller de l'amour de son corps. Nous sommes quelques-unes si naturellement amies de nos aises, si inquiètes de notre santé, qu'il n'y a pas peu à faire en ce point. Telle est même la guerre à soutenir par les religieuses et aussi par d'autres, contre ces deux passions, que Dieu en attend sans doute une grande gloire. Mais pour m'en tenir aux religieuses, on dirait vraiment que certaines d'entre nous ne sont entrées en religion que pour travailler à ne point mourir, tant elles prennent soin de prolonger leur vie par tous les moyens en leur pouvoir. A dire vrai, nous avons ici assez peu de ces moyens, et le fait est rare ; mais je voudrais qu'on n'en eût même pas le désir. Courage, mes soeurs, votre but en venant dans cette maison a été de mourir pour Jésus-Christ, et non de vous soigner pour Jésus-Christ. C'est le démon qui nous suggère la nécessité de ces précautions pour supporter et observer la règle. Et qu'arrive-t-il ? C'est que l'on a tant de soin de conserver sa santé pour garder la règle, qu'on ne la garde jamais en effet, et qu'on meurt sans l'avoir accomplie entièrement durant un seul mois, ni même peut-être durant un seul jour. Je ne sais donc pas ce que nous sommes venues faire au Carmel.

Qu'on ne craigne pas d'imprudences en cette matière ; ce serait merveille, avec nos confesseurs, si prompts à trembler qu'on ne se tue de pénitences, et avec l'horreur qui nous est si naturelle de ces imprudences-là : plût à Dieu que nous fussions aussi exactes en tout le reste. Les religieuses ferventes, qui foulent aux pieds cette discrétion, ne se fâcheront pas, je le sais, de ce que je viens de dire ; et moi je ne m'inquiète pas que l'on dise que je juge des autres par moi-même, car en cela on dit vrai. A mon avis, c'est pour punir cet excès de discrétion que Notre-Seigneur permet que certaines religieuses soient plus malades. C'est là du moins une miséricorde dont il a usé à mon égard ; car prévoyant que j'aurais, d'une manière ou d'une autre, à prendre quelque soin de ma santé, il a voulu que ce fût pour cause.

C'est une chose plaisante de voir les tourments que certaines religieuses se donnent, par ce soin excessif de conserver leurs forces. Il leur vient quelquefois un désir de faire des pénitences sans règle ni mesure, et cela dure deux jours, comme on dit. Le démon leur met ensuite dans l'esprit qu'elles ont fait tort à leur santé ; il leur fait craindre la pénitence, et leur en inspire un tel effroi, qu'elles n'osent plus observer les pénitences de règle, essayées, disent-elles, et reconnues nuisibles. Nous n'observons pas des points de la règle faciles, comme le silence, qui ne saurait nous fatiguer. Avant même d'avoir un mal de tête, nous nous abstenons du choeur, qui ne nous eût pas tuées non plus [1]. Nous voulons après cela inventer des pénitences, et il en résulte bientôt que nous ne pouvons faire ni celles-là ni les autres. Nous avons quelquefois qu'une indisposition légère ; mais elle suffit, semble-t-il, à nous dispenser de tout, pourvu que nous demandions permission. Pourquoi, me direz-vous, la supérieure donne-t-elle cette permission ? Je réponds que si elle voyait l'intérieur, peut-être elle ne l'accorderait pas. Mais vous invoquez la nécessité, mais il se trouve toujours quelques médecins pour appuyer votre demande, mais il y a toujours quelque amie ou quelque parente qui pleure à côté de vous ; que faire ? La supérieure craint de manquer de charité et elle aime mieux encore de la mollesse chez vous que de la rigueur chez elle [2].

Ces choses peuvent quelquefois arriver ; je les signale ici, afin que vous les évitiez ; car si le démon commence à nous effrayer par l'appréhension de la ruine de notre santé, nous ne ferons jamais rien. Daigne Notre-Seigneur nous donner ses lumières, afin que notre conduite soit toujours parfaite. Amen.

---

1. « Un jour nous n'allons pas au choeur, parce que nous avons un mal de tête ; un autre jour, parce que nous avons eu un mal de tête ; et trois autres jours, pour ne pas avoir un mal de tête. Vous me direz, mes amies, que la prieure ne doit pas le tolérer. Oui, sans doute, si elle connaissait l'intérieur. Mais elle voit qu'on se plaint pour des riens et qu'on se plaint, comme si on allait rendre l'âme. » (Esc.)
2. « Oh ! ces plaintes de religieuses, que j'ai donc peur - et Dieu me le pardonne ! - d'en voir la coutume prise ! J'ai rencontré une fois une soeur qui se plaignait habituellement de la tête et qui s'en plaignait très haut. On vérifia : rien, elle n'avait rien et ne souffrait pas de la tête, mais d'ailleurs. » (Esc.)

CHAPITRE QUATRE

De la mortification dans les maladies.

Il me semble, mes soeurs, que c'est une imperfection de se plaindre sans cesse pour des riens[1]. Si vous pouvez les endurer sans en parler, faites-le. Quand le mal est grave, il a sa manière à lui de gémir, le gémissement est tout autre et nul ne s'y trompe. Considérez que vous êtes ici en petit nombre ; si vous vous aimez, et si vous avez de la charité, il suffirait qu'une d'entre vous prît cette habitude, pour causer beaucoup de peines à toutes les autres.

Quant à celle qui est vraiment malade, elle doit le dire, et prendre ce qui est nécessaire ; et si elle est affranchie de l'amour-propre, elle ressentira tant de peine de toute espèce de soulagements, qu'il n'y a pas à craindre qu'elle les prenne sans raison, ni qu'elle se plaigne sans sujet. Quand la nécessité existe, on commettrait une bien plus grande faute en ne le disant pas, qu'en prenant des soulagements sans besoin. Les soeurs se rendraient très coupables, si alors elles ne témoignaient pas à la malade la plus vive compassion. Mais j'ose bien vous assurer que dans une maison où règne la charité et où l'on est en si petit nombre, les soins ne manqueront jamais dans les maladies.

Quant à ces faiblesses, ces indispositions de femmes, négligez d'en parler. C'est souvent le démon qui les met dans l'imagination : elles s'en vont, elles reviennent ; et, si vous ne perdez l'habitude de les dire et de vous en plaindre, si ce n'est à Dieu, vous ne finirez jamais. Ce corps a cela de mauvais, que plus on le soigne, plus il révèle de besoins nouveaux. On ne saurait croire combien il demande à être flatté ; la moindre nécessité est pour lui un prétexte spécieux ; et ainsi il trompe la pauvre âme, et l'empêche d'avancer dans la vertu. Songez combien de pauvres malades n'ont personne à qui se plaindre : voulez-vous être pauvres et bien traitées ? cela ne s'accorde pas. Pensez encore combien il y a de femmes mariées qui, en proie à de grandes souffrances et du corps et de l'âme, n'osent s'en plaindre, de peur de fâcher leurs maris. Je puis dire qu'il y en a beaucoup, et même dans les rangs élevés de la société. Eh quoi ! pécheresse que je suis, pourrais-je donc oublier que nous ne sommes pas venues ici pour y être mieux traitées qu'elles ? O vous, qui êtes libres des misères du monde, sachez souffrir quelque petite chose pour l'amour de Dieu, sans que tout l'univers l'apprenne. Quoi ! une femme mal mariée, quand elle ne veut pas que ses plaintes reviennent à son mari, souffre seule quelquefois beaucoup et ne s'ouvre jamais à personne de son malheur ; et nous n'endurerions pas entre Dieu et nous quelques-unes de ces souffrances qu'il nous envoie pour nos péchés, alors surtout que nous voyons l'inutilité de nos plaintes pour les soulager !

Tout ce que je viens de dire ne s'applique point aux maux violents, tels qu'une grosse fièvre ; et alors même, je désire qu'on se plaigne avec modération, et que toujours on montre de la patience : je n'ai voulu parler que de ces maux légers qui n'empêchent pas de rester debout. Mais qu'adviendrait-il, si ces pages venaient à être connues hors de cette maison ? Que diraient de moi toutes les religieuses ? Ah ! de bon coeur je consens à cette divulgation, si quelqu'une doit s'amender par cette lecture. Car lorsqu'il s'en trouve une seulement dans un monastère, qui se plaint ainsi des moindres maux, il arrive que le plus souvent on ne veut pas croire les autres, quelque grands que soient les maux dont elles se plaignent.

Rappelons-nous nos pères, ces ermites qui vécurent dans les siècles passés, et dont nous prétendons imiter la vie. Que de douleurs, et quel isolement ! Que n'eurent-ils pas à endurer du froid, de la faim, du soleil, de la chaleur, n'ayant que Dieu pour confident de leur souffrance ! Pensez-vous qu'ils fussent de fer ? Non, ils étaient aussi délicats que nous. Tenez pour certain, mes filles, que lorsque nous commençons à vaincre ces misérables corps, ils ne nous fatiguent pas autant. Assez d'autres s'occuperont de ce qui vous est nécessaire ; quant à vous, affranchissez-vous de ce soin, à moins d'une évidente nécessité. Si nous ne sommes résolues à braver une fois pour toutes la crainte de la mort et de la maladie, nous ne ferons jamais rien. Vivez de telle sorte que vous n'ayez pas à redouter la dernière heure, et abandonnez-vous entièrement entre les mains de Dieu, acceptant tout ce qu'il lui plaira d'ordonner de vous. Qu'importe que nous mourions ? Ce corps s'est tant de fois moqué de nous ; pourquoi ne nous moquerions-nous point quelquefois de lui ? Croyez m'en, une telle détermination est d'une plus haute importance que nous ne saurions penser. En effet, en répétant et multipliant ces actes de mortification nous arriverons peu à peu à le dominer, avec la grâce de Dieu. Or, cet ennemi vaincu, on est très fort pour soutenir la bataille de cette vie. Daigne le Seigneur, qui en a le pouvoir, nous accorder cette grâce ! A mon avis, les avantages d'un tel combat ne sont compris que de ceux qui goûtent déjà les fruits de la victoire ; ils sont d'un tel prix qu'il suffirait d'en avoir l'expérience pour trouver facile et légère la conquête de ce repos et de cet empire sur soi-même.

---

1. « Il y a, mes soeurs, une imperfection très grande à gémir (hurler, aullar), à se plaindre, à prendre une voix languissante et des soupirs de malade. Fussiez-vous malades, essayez de supporter la douleur et n'agissez pas ainsi. » (Esc.)

CHAPITRE CINQ

Il faut faire peu de cas de la vie et de l'honneur, quand on aime Dieu véritablement.

P assons à d'autres choses qui ne laissent pas d'être fort importantes, quoiqu'elles ne le paraissent pas.
Dans le chemin de la perfection tout nous semble d'abord pénible, et à juste titre, parce que c'est une guerre contre nous-mêmes. Mais lorsque nous commençons à nous mettre à l'oeuvre, Dieu, de son côté, opère si puissamment dans notre âme, il la comble de tant de faveurs, que tous les travaux de cette vie lui semblent peu de chose. Pour nous, religieuses, le plus difficile est déjà fait. Nous avons abdiqué notre liberté par amour pour Dieu, et nous l'avons remise au pouvoir d'autrui. De plus, nous nous sommes engagées à jeûner, à garder le silence, à vivre dans une étroite clôture, à assister au choeur, et autres choses aussi pénibles. Quelque envie qui nous vînt de prendre nos aises, nous ne le pourrions presque pas. Peut-être, en tant de monastères que j'ai vus, suis-je la seule à qui cela soit arrivé. Pourquoi donc ne travaillerions-nous pas à la mortification intérieure, puisqu'elle donne à toutes les observances religieuses plus de mérite et de perfection, puisqu'elle nous y fait trouver plus de douceur et de repos.

Comment arriver à cette mortification intérieure ? En nous accoutumant peu à peu à contrarier, même dans les petites choses, notre volonté et les désirs naturels, jusqu'à ce que nous ayons entièrement assujetti le corps à l'esprit. Tout ou presque tout, je le répète, consiste à renoncer au soin de nous-même et de nos aises. Le moins que puisse offrir une âme qui a commencé à servir Dieu véritablement, c'est sa vie. N'a-t-elle pas déjà donné sa volonté ? Que craint-elle donc ? Est-il un religieux fervent, est-il un homme d'oraison qui, aspirant à jouir des faveurs de Dieu, tourne le dos à la mort, au martyre, au lieu de les désirer pour lui ? Or, c'est un long martyre, mes soeurs, que la vie d'un religieux, quand il veut être bon et des amis intimes de Dieu. Je dis un long martyre, en comparaison de celui où l'on tranchait la tête d'un coup.

Mais toute vie est courte ; la vie est très courte quelquefois. Et que savons-nous si notre vie ne finira point une heure ou un moment après que nous aurons pris la résolution de servir Dieu de tout notre coeur ! Cela est possible. Pourquoi donc faire cas de ce qui doit finir ; et si l'on pense que chaque heure peut être la dernière, qui ne voudra la bien employer ?

Croyez-moi donc, le plus sûr est de s'arrêter à ces considérations. Ainsi accoutumons-nous à contrarier en tout notre volonté ; cette simple application vous mènera peu à peu, et sans que vous sachiez comment, au comble de ce renoncement intérieur. Il paraît bien rigoureux, il est vrai, de dire que nous ne devons rechercher de satisfaction en rien ; mais c'est lorsqu'on ne dit pas en même temps les douceurs, les délices, la sécurité, qui accompagnent cette abnégation, et les précieux avantages qu'on en retire, même pendant cette vie. Comme dans ce monastère vous vous exercez toutes à la mortification intérieure, le plus difficile est déjà fait. Vous vous excitez les unes les autres, vous vous entraidez, et vous rivalisez de zèle à qui s'avancera plus loin dans la pratique de cette vertu.

Il faut apporter un soin extrême à réprimer nos mouvements intérieurs, surtout en ce qui concerne les prééminences, Dieu nous préserve, je le lui demande au nom de sa passion, d'avoir jamais des pensées ou des paroles comme celles-ci : « Je suis plus ancienne dans l'Ordre que cette religieuse ; je suis plus âgée qu dès qu'elle-ci ; j'ai plus travaillé que celle-là ; on traite une telle mieux que moi. » Rejetez ces pensées dès qu'elles viennent. Car si vous vous y arrêtez, ou si vous les communiquez à d'autres, elles sont une peste et la cause de grandes misères. Si jamais vous avez une prieure qui souffre, même tant soit peu, de pareilles choses, croyez que Dieu a permis son élection en punition de vos péchés et pour commencer votre perte : priez instamment le ciel de venir à votre secours, car vous êtes en péril ;

Vous trouverez peut-être que j'insiste beaucoup sur ce point, et que mon langage est sévère. Après tout, direz-vous, Dieu ne répand-il pas ses faveurs sur des âmes qui ne sont pas dans un si parfait détachement ? Cela arrive, je l'avoue, mais c'est lorsque, dans sa sagesse infinie, Dieu voit qu'une pareille conduite convient pour porter ces âmes à tout abandonner à cause de lui. Tout abandonner ne signifie pas ici entrer dans l'état religieux : on peut en être empêché ; et il n'est pas de lieu où une âme parfaite ne puisse vivre dans le détachement et l'humilité ; mais il en coûte assurément plus dans le monde et c'est un grand secours que la vie régulière. Croyez-moi, la préoccupation de l'estime et des biens temporels peuvent exister dans les monastères comme ailleurs ; si les occasions en sont moins fréquentes, la faute est aussi plus grande. Et des religieuses auront beau compter alors de longues années d'oraison, ou pour mieux dire de spéculation, car enfin la parfaite oraison corrige ces mauvaises habitudes, elles ne feront jamais de grands progrès, et ne parviendront pas à jouir du véritable fruit de l'oraison.

Voyez donc, mes filles, si vous pouvez négliger ces moyens de perfection, quand vous n'êtes ici que pour devenir parfaites. Au reste, vous n'en serez pas plus honorées, et vous perdrez au lieu de gagner : déshonneur et perte vont ici de compagnie. Que chacune de vous examine ce qu'elle a d'humilité et elle verra les progrès qu'elle a faits dans la vie spirituelle.

Il me semble qu'au sujet des prééminences, le démon n'oserait tenter, non pas même d'un premier mouvement, une personne qui est véritablement humble : il est trop clairvoyant pour ne pas craindre le coup qui le menace. Impossible en effet qu'une âme profondément humble ne retire un grand profit d'une tentation de ce genre, et qu'elle n'en demeure plus affermie dans l'humilité. Cette âme va naturellement jeter un regard que sa vie précédente, et comparer ce qu'elle a fait pour Dieu avec ce qu'elle lui doit. Elle admirera le prodige d'un abaissement qui l'a rapproché de nous pour nous donner l'exemple de l'humilité. Enfin elle considérera ses péchés, et le lieu où elle méritait d'être en punition de tant d'offenses. L'âme sort ainsi de la tentation avec tant d'avantages que le démon n'osera plus revenir à la charge, de peur d'avoir la tête broyée.

Voici un avis que je vous prie de ne pas oublier. Pour vous venger du démon et vous délivrer plus vite de ses attaques, ne vous contentez pas de vaincre au-dedans, où le malheur serait si grand d'être vaincu ; mais au dehors même, faites tourner la tentation au profit de vos Sœurs. Ainsi, dès que vous serez tentées, priez la supérieure de vous commander quelque office bas ; ou bien, sans recourir à elle, livrez-vous-y de votre mieux ; et, dans cet exercice, appliquez-vous de préférence à vaincre votre volonté dans les choses qui répugnent et que Dieu ne manquera pas de vous signaler. De cette manière la tentation durera peu.

Dieu nous garde de ces personnes qui veulent allier à son service les intérêts de leur honneur ! C'est là un déplorable calcul. Comme je l'ai déjà dit, l'honneur se perd dès qu'on le recherche, principalement en matière de charges. Il n'est pas sur terre un poison aussi mortel au corps, que cet orgueil ne l'est à la perfection des âmes.

Mais, direz-vous, ce sont là de petites choses et des mouvements naturels ; il ne faut pas s'en mettre en peine. N'en riez pas, je vous prie. Ces petites choses montent comme l'écume et rien n'est petit en un péril aussi grand que ce pont d'honneur et ces ombrages de susceptibilité. En voulez-vous savoir une raison entre plusieurs autres ? La voici : le démon commence à vous tenter à propos d'une chose légère, mais il la peint comme très grave aux yeux d'une de vos soeurs ; celle-ci croira faire acte de charité en venant vous dire qu'elle ne comprend pas comment vous pouvez endurer un tel affront, qu'elle prie Dieu de vous donner de la patience, que vous lui devez offrir cette injure, et qu'un saint ne pourrait souffrir davantage. L'esprit de ténèbres envenime la langue de cette personne. Supposons que vous vous déterminez à souffrir ce déplaisir ; il vous reste une tentation de vaine gloire pour une chose que cependant vous n'avez point soufferte avec la perfection que vous auriez dû. Notre nature est si faible ! En convenant qu'il n'y a rien à souffrir dans telle épreuve, nous croyons néanmoins faire acte de vertu en la supportant, et nous ne laissons pas de la sentir. A combien plus forte raison y serons-nous sensibles, quand nous verrons que les autres en sont touchés pour l'amour de nous ! C'est ainsi que l'âme perd les occasions qu'elle avait de mériter ; elle demeure plus faible, et elle laisse la porte ouverte au démon pour une attaque plus dangereuse. Ce n'est pas tout ; lors même que vous serez dans la résolution de souffrir avec patience, voici ce qui pourra vous arriver : on viendra vous dire que vous êtes stupide, et qu'après tout il est bon de sentir les choses. Oh ! pour l'amour de Dieu, mes soeurs, que nulle d'entre vous ne se laisse aller à cette indiscrète charité, de témoigner de la compassion en rien de ce qui a rapport à ces injures imaginaires ; car ce serait imiter les amis et la femme du saint homme Job.

CHAPITRE SIX

Celui qui aime Dieu véritablement doit faire peu de cas de la vie et de l'honneur.

Je vous le dis souvent, mes soeurs, et maintenant je veux vous le laisser par écrit ici, afin que vous n'en perdiez pas le souvenir: non seulement les religieuses de cette maison, mais encore toutes les personnes qui aspirent à devenir parfaites, doivent être à mille lieues de récriminations comme celles-ci : « J'avais raison ; on ne m'a pas donné raison ; c'est sans raison que je suis ainsi traitée. » Dieu nous préserve de mauvaises raisons ! Croyez-vous qu'on eut raison d'insulter, comme on fit, notre bon Jésus et de l'accabler des plus injustes traitements. J'ignore, moi, ce qu'est venue chercher dans ce monastère une religieuse, qui ne veut porter d'autres croix que celles dont la raison est évidente. Elle peut s'en retourner dans le monde, où d'ailleurs ces belles raisons ne suffiront pas à la garantir. Eh ! pouvez-vous donc recevoir de si rudes coups que vous n'en ayez mérité de plus rudes encore ? Dès lors, quelle raison avez-vous de vous plaindre ? Je déclare, moi, que je n'en vois aucune.

Donnons, je le veux, un libre cours à nos plaintes, lorsqu'on nous rend quelque honneur, qu'on nous traite bien, ou qu'on nous prodigue des soins délicats ; car c'est contre toute raison que l'on agit de la sorte envers nous, en cette vie. Quant à ces torts qu'on nous fait, - on les appels torts, mais ils ne méritent pas ce nom, - nous n'avons vraiment rien à dire. Ou nous sommes épouses d'un grand Roi, ou nous ne le sommes pas. Si nous le sommes, pensons qu'une femme honnête partage les affronts faits à son mari. En est-il une qui ne s'y croie obligée, même à contre-coeur ? Non, honneurs et affronts, tout leur est commun ? Prétendre donc régner et jouir avec notre Epoux, sans partager ses travaux et ses opprobres, serait de la folie. Dieu nous préserve d'une prétention si insensée ! Mais, au contraire, que celle d'entre nous qui croira être la moins considérée, se tienne pour la plus heureuse ; et elle le sera véritablement, si elle supporte ce mépris comme elle le doit ; car elle ne saurait manquer d'être honorée en cette vie et en l'autre. Veuillez m'en croire sur ce point ; mais, que dis-je ? et quelle n'est pas ma folie de vous demander d'ajouter foi à mes paroles, quand la sagesse incréée a elle-même prononcé là-dessus ? Efforçons-nous d'imiter en quelque chose la parfaite humilité de la très sainte Vierge, dont nous portons l'habit[1]. Ce seul nom de religieuses de la Vierge doit nous remplir de confusion ; car nous aurons beau nous abaisser, nous serons toujours de bien pauvres filles d'une telle Mère, et de bien pauvres épouses d'un tel Epoux.

Si l'on ne travaille activement à déraciner ces imperfections dont j'ai parlé, ce qui paraît aujourd'hui n'être rien deviendra peut-être demain un péché véniel, et si dangereux, que, si on le néglige, il sera suivi de beaucoup d'autres : c'est là une chose très pernicieuse dans les communautés. Combien ne doivent donc point veiller sur elles-mêmes les religieuses sujettes à ces défauts, afin de ne pas nuire à celles qui travaillent à leur faire du bien et à les édifier par leurs bons exemples !

Si nous comprenions quel grand mal c'est de laisser introduire une mauvaise coutume, nous aimerions mieux mourir que d'en être cause. Après tout, ce ne serait que la mort du corps ; mais les pertes que subissent les âmes ont des suites qui se continuent sans fin. En effet, de nouvelles religieuses remplaçant toujours celles qui meurent, il pourra se faire qu'elles se portent plutôt à suivre une mauvaise coutume introduite par nous, qu'à imiter plusieurs vertus qu'elles verront dans leurs soeurs. Pour la mauvaise coutume, le démon ne la laisse point périr ; les vertus, il suffit de la faiblesse de notre nature pour nous les faire perdre.

Oh ! qu'elle accomplirait une bonne oeuvre de charité, et qu'elle rendrait un grand service à Dieu, la religieuse qui, se voyant incapable d'observer les usages établis parmi nous, le reconnaîtrait sincèrement, et s'en irait de notre monastère[2]. Qu'elle songe à prendre ce parti, si elle ne veut trouver un enfer dès ce monde ; et Dieu veuille qu'elle n'en trouve pas un second dans l'autre ! Elle a cela à craindre pour plusieurs raisons, qui peut-être ne seront connues ni d'elle ni des autres, comme elles le sont de moi.

Veuillez, mes filles, me croire sur ce point, sinon le temps se chargera de vous montrer la vérité de ce que j'avance. Notre but ici n'est pas seulement de vivre en religieuses, mais aussi en solitaires, par conséquent de nous détacher de toutes les créatures. Aussi voyons-nous que Notre-Seigneur fait particulièrement cette grâce à celles qu'il a choisies pour cette maison. Et si ce détachement n'a pas encore atteint toute sa perfection, il est manifeste qu'elles y tendent : témoin leur joie, leur allégresse à la pensée qu'elles n'auront plus à s'occuper des choses du siècle ; témoin les délices qu'elles goûtent dans tous les exercices de la vie religieuse.

Je le répète, que celle qui incline vers les choses du monde, et qui ne fait pas de progrès visibles, sorte de ce monastère ; et si elle persiste à vouloir être religieuse, qu'elle entre dans un autre couvent ; autrement elle verra ce qui lui arrivera. Qu'elle ne se plaigne point de moi, et ne m'accuse point de ne lui avoir pas fait connaître à l'avance ce qui se pratique dans ce monastère que j'ai fondé. S'il y a un paradis sur la terre, c'est cette maison, mais seulement pour les âmes qui n'ont d'autre désir que de contenter Dieu, et qui ne cherchent en rien leur propre contentement ; pour elles, la vie est souverainement agréable. Quant à celle qui désirerait autre chose que de plaire à Dieu, elle ne saurait y être heureuse, parce que ses désirs ne seront pas satisfaits ; et comme une personne dégoûtée, à qui les meilleurs aliments répugnent, elle a mal au coeur, en présence des mets que les bien portants savourent le plus. Cette personne fera mieux son salut en quelque autre lieu ; il pourra arriver que peu à peu elle y acquière la perfection qu'elle ne peut souffrir ici, où on l'embrasse tout d'un coup. Car bien qu'ici, où on donne du temps pour arriver à la perfection du détachement et du renoncement intérieurs, l'extérieur est exigé tout de suite. Si une novice qui voit toutes les religieuses parfaites, et qui vit toujours en leur compagnie, n'en tire aucun profit en un an, je crains qu'elle n'avance pas davantage en plusieurs années, si tant est qu'elle ne recule. Je ne prétends pas qu'elle doive remplir ses obligations aussi parfaitement que les autres ; mais au moins doit-elle laisser voir que la santé de son âme se fortifie ; ce qui s'aperçoit vite en une maladie qui, de sa nature, est mortelle.

1. « Imitons du moins en quelque chose son humilité ; je dis en quelque chose, car nous aurons beau nous abaisser et nous humilier, ce n'est rien cela pour une créature comme moi, qui, à cause de mes péchés, ai mérité d'être abaissée et méprisée par les démons. La nature sans doute y répugne. Mais n'eût-on pas commis de grandes fautes, on a toujours fait assez, à mon avis, pour mériter l'enfer. » (Esc.)
2. « Cette religieuse, on ne devrait, selon moi, l'admettre nulle part à la profession, si ce n'est après de longues années d'épreuve et de sérieux amendement. Je ne parle pas des pénitences et des jeûnes dont l'omission tout en étant une véritable faute, ne cause pas un grand dommage à la communauté ; je parle de certains défauts de caractère, comme l'amour de ses aises, le désir de l'estime et de l'honneur, l'habitude d'avoir les yeux sur les fautes d'autrui et de les tenir toujours fermés sur les siennes, et autres choses semblables qui viennent certainement d'un manque d'humilité.

   Nos Pères ont sagement établi une année de probation. Dans notre Ordre, on est libre de n'admettre à la profession qu'après quatre ans ; et moi, je voudrais qu'on n'y admît qu'après dix. Une religieuse humble s'inquiétera peu de ce retard de la profession. Elle sait que, si elle est régulière, on ne la renverra point, si elle ne l'est pas, pourquoi voudrait-elle nuire à cette famille du Christ ? (Esc.)

CHAPITRE SEPT

Combien il importe de ne point admettre à la profession les personnes qui n'ont point les qualités nécessaires.

Dieu, je n'en doute pas, favorise beaucoup les âmes fermement déterminées à lui appartenir. Voilà pourquoi, quand une personne veut entrer chez nous, il faut examiner le désir qui l'amène. Que ce ne soit pas seulement pour sortir de gêne ; ce qui sera le cas de plusieurs. Notre-Seigneur peut, sans doute, élever et perfectionner ce motif, quand la personne est douée d'un sens droit ; mais, si elle en est dépourvue, il ne faut en aucune façon l'admettre : elle ne verrait pas l'imperfection du motif qui la fait entrer, et serait incapable de comprendre les bons avis qu'on lui donnerait pour l'éclairer. La plupart de celles qui ont peu de jugement, s'imaginent savoir mieux que les plus sages ce qui leur convient. A mon sens, c'est là un mal incurable, parce qu'il est bien rare qu'il ne soit accompagné de malice. On pourrait le tolérer dans une communauté nombreuse ; mais nous qui sommes en si petit nombre, nous ne le pouvons point.

Lorsqu'une personne d'un esprit droit commence à s'affectionner au bien, elle s'y attache fortement, parce qu'elle voit que c'est le plus sûr ; il peut se faire qu'elle n'aide pas toujours les soeurs à la vie intérieure et à l'esprit d'oraison ; elle les aidera du moins par ses bons conseils, et leur sera utile en beaucoup d'autres manières, sans être à charge à qui que ce soit. Au contraire, avec un jugement faux, je ne vois pas l'utilité d'une personne en religion, et j'en vois le danger très grand.

Ce manque de sens ne se découvre pas de prime abord : car il y a des personnes qui parlent bien, mais qui sont sottes ; d'autres qui parlent peu et assez mal, mais dont l'esprit est très ouvert ; d'autres enfin qui sont de saintes simplicités, très ignorantes des affaires et des manières du monde, mais savantes dans la manière de traiter avec Dieu[1]. C'est pour cela qu'il faut examiner avec grand soin celles qu'on reçoit, et ne les admettre à la profession qu'après une longue épreuve. Que le monde sache, une fois pour toutes, que vous avez la liberté de les renvoyer. Dans un monastère où il y a beaucoup d'austérités, vous pouvez avoir plusieurs raisons qui vous y obligent. Dès qu'on verra que c'est notre usage, on ne le tiendra plus à injure.

Je parle de la sorte, à cause du malheur des temps où nous vivons. En vain nos prédécesseurs dans l'état religieux nous ont fait une loi de cette conduite, l'on est si faible de nos jours, qu'on se croit obligé à tenir une conduite contraire, de crainte de déplaire aux parents. Dieu veuille que les religieuses, qui reçoivent ainsi des novices, ne le payent pas en l'autre vie !

Les prétextes ne nous manquent jamais pour justifier à nos propres yeux ces sortes d'admissions. Mais c'est là une affaire qui nous regarde toutes et chacune. Il n'est pas une soeur qui ne doive y songer, recommander cela à Dieu et donner à la prieure le courage dont elle a besoin. Rien n'est plus important, en effet, et je supplie Notre-Seigneur qu'il nous éclaire en ce point-là. C'est pour vous un précieux avantage de ne pas recevoir de dot ; là où l'on en reçoit, il peut arriver qu'on ne puisse pas rendre un argent déjà dépensé, et que par suite on laisse dans le monastère le larron qui dérobe le vrai trésor, ce qui est bien triste. Vous donc, ne faiblissez jamais en ces rencontres, ni pour quelque personne que ce soit ; ce serait faire du mal à qui vous prétendez faire du bien.

---

1. « Heureuses les âmes qui ont de tels amis ! Heureux le jour de leur première entrevue ! O mon Dieu, me refuserez-vous la grâce d'en compter beaucoup comme ceux-là ? En vérité, Seigneur, leur affection me sera plus chère que celle de tous les rois et de tous les puissants de ce monde. Car ils m'aideront de tout leur pouvoir à m'assujettir le monde lui-même et toutes ses créatures.

Quand vous aurez fait la connaissance d'une de ces personnes, que la supérieure ne néglige rien pour vous mettre en rapport avec elle. Aimez tant que vous voudrez de pareils amis. Ils sont sans doute peu nombreux. Dieu permettra cependant que s'il y en a quelqu'un de parfait, vous le découvriez.

On vous dira que c'est inutile et que Dieu suffit. Mais un excellent moyen de posséder Dieu est de traiter avec ses amis. On en tire un grand profit. Je le sais par expérience. Si je ne suis pas en enfer, je le dois, après Dieu, à ces personnes dont je sollicitais avec instance les prières. »

LES FONDEMENTS DE LA PRIÈRE: L'HUMILITÉ

CHAPITRE UN

Il ne faut point s'excuser, même quand on est condamné sans être coupable.

C'est pour moi une grande confusion de parler d'un tel sujet : j'aurais au moins dû pratiquer tant soit peu ce que je vais vous dire concernant cette vertu, et j'avoue que j'y fait très peu de progrès[1]. Jamais je ne manque de quelque raison pour me persuader qu'il est mieux de m'excuser. Quelquefois, je le sais, cela est permis, et ce serait mal de l'omettre ; mais je n'ai pas la discrétion, ou pour mieux dire, l'humilité qui me serait nécessaire pour faire ce discernement. Oui, il faut être véritablement humble pour se voir condamner sans être coupable, et se taire : on imite alors de bien près Notre-Seigneur qui a pris sur lui toutes nos fautes. Je vous en conjure, adonnez-vous, de tout votre coeur, à cette pratique, parce qu'elle a les plus précieux avantages ; tandis que je n'en vois aucun à nous disculper, aucun, dis-je, si ce n'est en certaines circonstances, où l'on pourrait causer de la peine et du scandale, en ne déclarant pas la vérité. Celui qui aura plus de discrétion que je n'en ai, verra aisément quand il est convenable de parler.

Il est très important, à mon avis, de s'exercer dans cette vertu, en d'autres termes, de tâcher d'obtenir de Notre-Seigneur la véritable humilité, qui en est la source. En effet, celui qui est véritablement humble, doit désirer sincèrement d'être méprisé, persécuté, et condamné sans sujet, même en des choses graves. S'il veut imiter Notre-Seigneur, en quoi le peut-il mieux ? Il n'a besoin pour cela ni de forces corporelles, ni de l'aide de qui que ce soit, si ce n'est de Dieu seul.

Je voudrais, mes sœurs, que ces grandes vertus fussent la matière de notre étude et de notre pénitence. Je vous retiens, vous le savez, pour les pénitences excessives, parce qu'elles peuvent nuire à la santé, quand on s'y livre sans discrétion. Ici rien de pareil à craindre ; quelque grandes que soient les vertus intérieures, elles n'enlèvent point les forces du corps nécessaires pour servir la communauté, et elles communiquent à l'âme de l'énergie. Comme je vous l'ai dit autrefois, prenez d'abord l'habitude de vous vaincre dans les plus petites choses, et vous vous rendrez capables de remporter la victoire dans les grandes. Quant à moi, jamais je n'ai eu occasion de faire cette épreuve en des choses de conséquence ; jamais je n'ai ouï dire du mal de moi, qui ne fût manifestement au-dessous de la vérité ; et si j'étais innocente de ce dont on m'accusait, j'étais coupable de tant d'autres fautes envers Dieu, qu'il me semblait que c'était me faire une grande grâce de ne point les dire. J'ajoute que j'ai toujours aimé mieux être blâmée de fautes supposées que de mes fautes réelles.

Il sert beaucoup pour acquérir cette vertu, de méditer les précieux avantages qu'elle nous procure de toute manière, et comment, tout bien considéré, jamais on ne nous condamne, sans que nous ayons des fautes à nous reprocher. Hélas ! nous en sommes toujours remplies ; le juste tombe sept fois par jour, et ce serait mentir que de nous dire sans péché. Ainsi, lors même que nous sommes injustement accusées sur un point, jamais en réalité nous ne sommes entièrement exemptes de fautes, comme l'était le bon Jésus.

O mon Seigneur, quand je considère combien vous avez souffert sans l'avoir mérité en rien, je ne comprends plus, je ne sais plus où j'avais l'esprit, lorsque je ne désirais pas souffrir : je ne sais maintenant encore comment il est possible que je m'excuse. Vous n'ignorez pas, ô mon souverain Bien, que s'il y a quelque chose de bon en moi, c'est un don qui me vient uniquement de vos mains. Qu'est-ce qui vous détermine, Seigneur, à donner moins ou à donner plus ? Si vous avez égard au mérite ou au démérite, n'étais-je pas indigne des faveurs que vous m'avez déjà faites ? Quoi ! je pourrais désirer que quelqu'un pensât favorablement d'une créature aussi mauvaise que moi, après que l'on a dit tant de mal de vous, qui êtes le bien suprême ! Non, non, mon Dieu, cela ne peut se souffrir. Et vous, ne souffrez point qu'il y ait jamais en votre servante rien qui déplaise à vos yeux. Mes yeux à moi, Seigneur, sont à peine ouverts et ils ne s'offensent de presque rien. Eclairez-moi, et faites que je désire, du fond du coeur, être abhorrée du monde entier, puisque je vous ai délaissé si souvent, vous, qui m'aviez aimée avec tant de fidélité ! Qu'est-ce donc, ô mon Dieu, que nous pouvons gagner à contenter les créatures ? Et quand elles nous condamneraient toutes, qu'avons-nous de plus ou de moins, si nous sommes innocentes aux yeux du Seigneur ?

O mes soeurs, c'est parce que nous ne comprenons pas assez cette vérité, que nous ne serons jamais parfaites. Il faut donc considérer à loisir et estimer à sa juste valeur ce qui est et ce qui n'est pas.

Quand il n'y aurait, dans une fausse accusation, d'autre avantage que la honte de la personne qui vous accuse, en voyant que vous vous laissez condamner injustement, ne serait-ce pas un très grand bien ? Un acte de ce genre parle quelquefois plus éloquemment que dix sermons ; et puisqu'il nous est interdit par l'apôtre et par notre incapacité naturelle de prêcher de paroles, efforçons-nous de prêcher d'exemple : c'est pour toutes un devoir. Quelque étroite que soit la clôture, ne pensez pas que le mal ou le bien que vous ferez doive rester secret ; et parce que vous ne vous excusez point, gardez-vous bien de croire, mes filles, que vous deviez rester sans défenseur. Voyez comment Notre-Seigneur prit la parole en faveur de Madeleine, soit dans la maison du Pharisien, soit lorsque sa soeur Marthe l'accusait devant lui. Il n'usera pas devant vous de la rigueur dont il usa envers lui-même, car il ne permit au bon larron de prendre sa défense que lorsqu'il était attaché à la croix. Ainsi le divin Maître suscitera quelqu'un pour vous défendre, et quand il ne le fera pas, c'est qu'il n'y aura aucune nécessité.

J'ai moi-même l'expérience de ce que je vous dis, et rien n'est plus véritable. Toutefois je désire que cet espoir de trouver des défenseurs ne soit pas le motif qui vous détermine à la pratique d'une si belle vertu : je souhaite qu'au fond de votre coeur vous ayez de la joie de n'être point justifiées. Vous verrez avec le temps les admirables progrès que l'on fait en marchant par cette voie : on acquiert la liberté d'esprit, et cette heureuse indifférence sur tout ce qu'on peut dire de nous, soit en bien, soit en mal, l'âme n'en étant pas plus touchée que s'il était question d'une personne étrangère. De même qu'il ne nous vient point à l'esprit de répondre à deux personnes qui s'entretiennent ensemble, parce que ce n'est pas à nous qu'elles s'adressent ; de même, ayant pris la salutaire habitude de nous taire dans les occasions où nous sommes injustement accusées, il nous semblera que ce n'est point à nous qu'on parle. Ceci paraîtra impraticable aux âmes très sensibles et peu mortifiées. Dans les commencements, la pratique, je l'avoue, en est difficile ; mais je sais qu'avec la grâce de Dieu on peut obtenir cette liberté, cette abnégation et ce détachement de soi-même.

---

1. « Quel désordre dans ce que j'écris ! En vérité je suis comme quelqu'un qui n'entend rien à ce qu'il fait. A vous la faute, mes soeurs, vous me l'avez ordonné. Lisez ces pages comme vous pourrez ; je les écris, moi, comme je peux : sinon jetez-les au feu ; c'est tout ce qu'elles méritent. Un pareil travail exige du calme et des loisirs ; et moi, j'en ai si peu, vous le voyez, que je passe huit jours sans écrire. J'oublie alors ce que j'ai dit et ce que je vais dire. Mais c'est mal à moi de m'excuser et de vous engager en même temps à ne pas le faire. » (Esc.)

ANCIEN CHAPITRE XVII DU MANUSCRIT DE VALLADOLID

Le manuscrit de Valladolid permet de constater ici la suppression de quatre pages déchirées, formant le chapitre XVII. Comme elles manquent aussi dans deux copies de ce manuscrit, signées par la sainte, on croit que cette suppression est l'oeuvre de la sainte elle-même. Voici la traduction de ces pages, telles qu'elles existent dans le manuscrit de l'Escurial:

Ne vous figurez pas que tout cela soit grand-chose ; je ne fais que préparer le jeu, comme on dit. Vous m'avez priée de vous expliquer le moyen de parvenir à l'oraison ; je n'en connais point d'autre que ces vertus dont je vous ai parlé, bien que Dieu ne m'ait pas conduite par ce chemin, où je n'ai pas, semble-t-il, encore mis le pied. Soyez donc persuadées que celui qui n'entend rien à disposer les pièces du jeu d'échecs sera un mauvais joueur ; s'il ne sait pas faire échec, il ne saura pas faire mat.

Vous allez me blâmer de parler de jeu dans une maison où le jeu est inconnu et même interdit. Vous voyez par là quelle mère Dieu vous a donnée, puisqu'elle a appris cette futilité. On dit pourtant que ce jeu est quelquefois permis. Combien il le sera donc pour nous, et comme il nous mènera vite, par l'exercice, à faire mat au divin Roi, qui ne pourra dès lors ni ne voudra nous échapper des mains. La dame est la pièce qui peut faire le plus contre lui, bien que les autres pièces concourent au même effort. Or il n'y a pas de dame qui l'amène à se rendre comme l'humilité. C'est elle qui l'attira du ciel dans le sein de la Vierge ; par elle aussi nous l'attirerons nous-mêmes, et sans qu'il résiste, dans nos âmes. Tenez ceci pour certain : on possède plus ou moins Dieu, suivant qu'on a plus ou moins d'humilité. Car je ne comprends pas qu'il y ait jamais d'humilité sans amour ou amour sans humilité ; et ces deux vertus ne vont jamais non plus sans un absolu détachement des créatures.

Vous me demandez, mes filles, pourquoi je vous parle de vertus, alors que vous possédez assez de livres sur cette matière et que vous attendez seulement quelque chose sur la contemplation. Je réponds que si vous aviez voulu quelques mots sur la méditation, j'aurais pu y consentir et vous la conseiller à toutes, bien que vous n'ayez pas encore des vertus. La méditation en effet nous aide à les obtenir toutes. C'est un exercice auquel un chrétien doit à tout prix se résoudre ; et il n'est personne, pour perdu qu'il soit, qui doive en négliger la pratique, quand Dieu lui en donne l'idée. J'ai déjà écrit ailleurs sur ce sujet ; beaucoup d'autres l'ont fait aussi, qui savent ce qu'ils écrivent ; car pour mon compte, je l'ignore certainement, Dieu le sait.

Mais la contemplation est autre chose, mes filles, car voici ce qui nous trompe tous. Dès que quelqu'un prend chaque jour un certain temps pour penser à ses péchés, considération qu'il est tenu de faire, s'il n'est pas seulement chrétien de nom, aussitôt l'on dit : Voilà un grand contemplatif ; et lui-même élève encore plus haut ses prétentions. Erreur fondamentale : il n'a pas su disposer les pièces de son jeu ; il pensait que c'était assez de les connaître pour faire mat. Mais ce Roi ne se livre qu'à ceux qui se donnent entièrement à lui.

CHAPITRE DEUX

La contemplation demande une plus haute perfection de vie que la simple oraison.- Pourquoi cependant Dieu élève quelquefois des âmes dissipées à la contemplation parfaite.

Souffrez, mes filles, qu'avant de vous montrer, selon votre désir, le chemin de la contemplation, je vous parle avec quelque étendue de certains points, qui vous paraîtront peut-être moins importants, mais qui ne laissent pas, à mon avis, de l'être beaucoup. Si vous ne voulez ni les entendre, ni les pratiquer, restez-en toute votre vie à votre oraison mentale. Je vous déclare à vous, et à toutes les âmes qui prétendent s'élever à la contemplation, que vous n'y arriverez jamais. Il peut se faire que je me trompe en jugeant des autres par moi-même ; mais moi, j'en ai fait la triste expérience pendant vingt ans.

Comme peut-être quelques unes d'entre vous ne savent pas bien ce que c'est que l'oraison mentale, je vais l'expliquer ; plaise à Dieu que chacune de vous pratiquât cette oraison comme il faut ! Mais je crains que vous n'ayez beaucoup de peine à y réussir, si vous ne travaillez énergiquement à l'acquisition des vertus ; à la vérité, il n'est pas requis, pour la simple oraison, de les posséder dans un degré aussi éminent que pour la contemplation.

Non, jamais le Roi de gloire ne viendra dans notre âme, j'entends pour lui être uni, si nous ne faisons de vrais efforts pour arriver à la vertu et à la vertu très haute. Je veux pourtant ajouter ici une explication ; car si vous constatiez dans mes écrits quelque inexactitude, vous ne me croiriez plus en rien, et vous auriez raison, si je le faisais de propos délibéré ; mais Dieu m'en garde ! Le jour où je m'écarterai de la vérité, ce sera par inadvertance et faute d'en savoir davantage. Je veux donc dire que quelquefois il plaira à Dieu d'accorder cette insigne faveur de l'union à des personnes qui sont en mauvais état, afin de les retirer par ce moyen d'entre les mains du démon.

O mon Seigneur, que de fois nous vous mettons aux prises avec cet ennemi ! Pour nous apprendre à le vaincre, n'était-ce pas assez d'avoir souffert qu'il vous prît entre ses bras, quand il vous porta sur le haut du temple ? Quel spectacle, mes filles, que celui de ce divin soleil saisi par les ténèbres ! De quelle terreur dut être agité ce malheureux esprit, sans toutefois en comprendre la cause, parce qu'il plut à Dieu de la lui cacher ! Bénies soient une si grande bonté, et une si grande miséricorde ! Mais quelle honte, je le répète, que des chrétiens le livrent ainsi chaque jour aux étreintes d'un si abominable monstre ! Vous eûtes besoin, Seigneur, pour vaincre ce maudit, d'avoir les bras bien forts. Mais comment ne sont-ils pas restés affaiblis par les tourments de la croix ? Oh ! qu'il est bien vrai que l'amour guérit lui-même toutes les blessures qu'il fait ! Aussi je crois que si vous eussiez voulu survivre à vous tourments, le même amour qui vous les fit endurer pour nous, aurait, sans nul autre remède, refermé vos plaies.

O mon Dieu, qui versera donc ce baume de l'amour sur les peines et les souffrances de ma vie ? J'irais au-devant d'elles avec bonheur, sûre d'être guérie par un remède si salutaire !

Je reviens à ce que je disais : il est des âmes que Dieu sait pouvoir gagner par le moyen de ses faveurs. Quoiqu'il les voie entièrement perdues, il ne veut rien négliger pour les faire revenir à lui. Ainsi, malgré le mauvais état et le dénuement de vertus où elles sont, il leur accorde des goûts, des délices, des tendresses qui commencent à exciter en elles de saints désirs ; quelquefois même, mais rarement, il les fait entrer dans une contemplation qui, à la vérité, dure peu. Il en use ainsi, comme j'ai dit, pour constater si, au moyen de ses faveurs, elles voudront se mettre en état de recevoir souvent ses visites. Si elles ne s'y disposent pas, qu'elles me pardonnent de le leur dire, ou plutôt daignez vous-même nous le pardonner, Seigneur : c'est un bien grand mal, que le contraste d'un Dieu qui va ainsi vers les âmes et des âmes qui se détournent de Dieu pour s'attacher aux choses de la terre.

Je crois que Notre-Seigneur propose ces faveurs à beaucoup de personnes, mais qu'il y en a peu qui se mettent dans les dispositions requises pour en jouir. Lorsque le divin Maître accorde ces faveurs à une âme et qu'elle reste fidèle à y répondre, il ne cesse plus de l'enrichir qu'il ne l'ait conduite à un très haut degré de perfection. Si au contraire nous nous donnons à lui avec une résolution moins absolue que la sienne, c'est beaucoup qu'il nous laisse dans l'oraison mentale, et nous visite de temps en temps comme des serviteurs qui travaillent à sa vigne. Mais ceux qui se sont donnés à lui sans réserve sont ses enfants bien-aimés ; il ne peut se résoudre à les éloigner de lui, et il ne les éloigne point en effet, parce qu'eux-mêmes ne veulent plus s'éloigner de sa présence. Il les fait asseoir à sa table, et il leur sert les mets dont il se nourrit lui-même, jusqu'à s'ôter, comme on dit, le morceau de la bouche pour le leur donner.

Heureuse union, mes filles ! Heureux abandon des choses terrestres, qui nous vaut un comble de gloire ! O mes filles ! quand vous serez ainsi dans les bras de Dieu, que vous importera que le monde entier vous condamne ? Le Tout-Puissant est votre défenseur ; d'un mot il a créé le monde, et vouloir, pour lui, c'est faire. Ne craignez donc pas qu'il souffre que l'on parle contre vous, à moins que ce ne soit pour votre plus grand bien ; il ne porte pas si peu d'amour à ceux dont il est aimé ! S'il en est ainsi, pourquoi, mes soeurs, ne lui témoigneriez-vous pas tout l'amour dont nous sommes capables ? Est-il pour nous un plus bel échange que de lui donner notre amour à la place du sien ? Lui, il peut tout ; nous, nous ne pouvons rien que ce qu'il nous fait pouvoir. Au fond, que faisons-nous pour vous, ô Seigneur, de qui nous tenons l'être ? Nous prenons une petite résolution de vous servir, voilà tout : en vérité ce n'est rien. Mais si le divin Maître veut qu'à l'aide de ce rien nous méritions le tout, ne soyons pas si insensées que de ne point nous rendre à son désir.

O Seigneur, tout notre mal vient de ce que nous ne tenons pas nos yeux attachés sur vous. Si nous ne considérions point autre chose que le chemin, nous arriverions bientôt ; mais, hélas ! nous faisons mille chutes, mille faux pas, nous sortons enfin de la voie, parce que, je le répète, nous ne tenons pas les yeux fixés sur la voie véritable. On dirait, Seigneur, que ce chemin n'a jamais été suivi, tant il nous paraît nouveau. N'est-il pas déplorable de voir ce qui se passe si souvent ? Dès qu'on nous déprécie tant soit peu, nous ne le supportons pas, nous trouvons cela intolérable et nous nous hâtons de dire : Oh ! nous ne sommes pas saintes. Non, mes soeurs, n'excusez pas vos imperfections, en disant que vous n'êtes ni des saintes, ni des anges ; vous ne l'êtes pas sans doute, mais pensez plutôt qu'avec des efforts et avec l'aide de Dieu, vous pouvez le devenir. N'appréhendez pas que Dieu cesse de vous soutenir ; craignez plutôt votre négligence. Puisque nous n'avons pas eu d'autre dessein en venant ici que de nous sanctifier, mettons la main à l'oeuvre, croyons qu'il n'y a rien de si parfait dans le service de Dieu, que nous ne devions nous promettre de l'accomplir avec son secours. Je voudrais voir parmi vous cette présomption, toute au profit de l'humilité, cette sainte et audacieuse confiance, que Dieu aide les braves, et qu'il ne fait pas acception de personnes[1].

Voilà une grande digression : revenant à mon sujet, je vais exposer la nature de l'oraison mentale et de la contemplation. Il y a là, ce me semble, de la témérité ; mais avec vous tout passe. Peut-être comprendrez-vous mieux cette matière, dans mon style grossier, que dans le style d'auteurs élégants. Daigne le Seigneur me donner grâce pour cela. Amen.

---

1. « Et qu'il vous aidera, vous et moi. » (Esc.)

CHAPITRE TROIS

Toutes les âmes ne sont pas faites pour la contemplation.- Quelques-unes n'y arrivent que tard. - L'âme véritablement humble doit être contente de la voie par laquelle Notre-Seigneur la conduit.

Vous croyez, mes filles, que je vais aborder le sujet de l'oraison ; vous vous trompez. J'ai à vous dire auparavant un petit lot, mais de grande importance, sur l'humilité. Ce mot me semble même nécessaire en une maison où l'oraison est le principal exercice des soeurs. Rien d'utile pour vous, ai-je dit, comme de savoir vous exercer et vous appliquer à l'humilité. Or, un des principaux exercices de cette vertu, et des plus nécessaires à toutes les personnes d'oraison, est celui dont je vais vous entretenir.

La contemplation étant une si haute faveur de Dieu, comment celui qui est véritablement humble pourra-t-il se croire élevé au rang des contemplatifs ? Sans doute Dieu peut, par sa bonté et sa miséricorde, lui accorder une pareille grâce. Mais s'il veut m'en croire, qu'il se mette toujours à la dernière place, comme Notre-Seigneur nous l'a ordonné et enseigné par son exemple. Disposez-vous de votre côté à la contemplation, s'il plaît à Dieu de vous mener par ce chemin ; et si telle n'est pas sa volonté, que l'humilité vienne, que l'humilité vous fasse apprécier le bonheur de servir les servantes du Seigneur. Bénissez le divin Maître de vous avoir introduites dans leur compagnie, vous qui méritiez d'être les esclaves des démons dans l'enfer.

Je ne dis pas cela sans grande raison : il importe beaucoup, je le répète, de comprendre que Dieu ne nous conduit pas tous par le même chemin ; celui qui est le plus petit à ses propres yeux, est peut-être le plus élevé devant le Seigneur. Ainsi, quoique toutes les religieuses de ce monastère s'appliquent à l'oraison, il ne s'ensuit pas qu'elles doivent être toutes contemplatives : cela est impossible. Ce sera une grande désolation pour celle qui n'a pas reçu ce don, de ne pas comprendre qu'il vient de Dieu. On peut se sauver sans la contemplation ; et puisque Dieu ne l'exige point pour nous admettre en son paradis, une religieuse ne doit pas non plus se persuader qu'on l'exigera d'elle en cette maison. Sans être contemplative, elle ne laissera pas d'être parfaite, si elle s'acquitte de ce qui a été dit ; elle pourra même surpasser les autres en mérite, parce qu'elle aura la vertu plus laborieuse. Le divin Maître, la traitant comme une âme forte, joindra aux félicités qu'il lui réserve en l'autre vie, toutes les consolations dont elle n'aura pas joui en celle-ci. Qu'elle ne perde donc point courage ; qu'elle n'abandonne point l'oraison et qu'elle continue de faire en tout comme les autres. Notre-Seigneur tarde quelquefois beaucoup à visiter une âme, mais il lui donne en une seule visite ce qu'il a donné aux autres en plusieurs années. J'ai passé plus de quatorze ans sans pouvoir même méditer autrement qu'avec un livre. Il y aura bien des personnes dans le même cas ; il s'en trouvera qui ne pourront pas, même avec un livre, faire un peu de méditation ; elles ne sont capables que de prier vocalement, cela fixe un peu plus l'attention ; d'autres ont l'esprit si léger, qu'elles ne peuvent se fixer à un sujet, et elles sont si inquiètes que lorsqu'elles veulent se contraindre pour arrêter leurs pensées en Dieu, elles tombent dans mille rêveries, mille scrupules et mille doutes.

Je connais une personne d'un âge déjà avancé, fort vertueuse, fort pénitente, grande servante de Dieu, qui depuis bien des années consacre chaque jour plusieurs heures à la prière vocale. D'oraison mentale, jamais, elle ne peut pas. Le plus qu'elle puisse faire, c'est de s'arrêter un peu en prononçant lentement ses prières vocales. Un grand nombre de personnes sont de même ; mais pourvu qu'elles soient humbles, je crois qu'à la fin elles trouveront aussi bien leur compte que celles qui ont beaucoup de consolations dans l'oraison. Je dis même qu'à un point de vue leur voie aura été plus sûre ; car nous ne savons pas si ces consolations viennent de Dieu, ou si le démon en est l'auteur. Si elles ne procèdent pas de Dieu, elles sont plus périlleuses, parce que le démon s'en sert pour nous inspirer de l'orgueil. Au contraire, quand elles viennent de Dieu, il n'y a rien à craindre, parce qu'elles portent avec elles l'humilité, ainsi que je l'ai écrit fort au long dans un autre livre[1].

Les personnes qui ne reçoivent point ces consolations, marchent dans l'humilité, craignant toujours qu'il n'y ait de leur faute, et prenant un soin continuel de leur avancement. Voient-elles une larme aux yeux des autres, soudain elles s'imaginent que si elles n'en répandent point, c'est qu'elles sont à une immense distance dans le service de Dieu ; et peut-être elles les ont de beaucoup dépassées. Car les larmes, quoique bonnes, ne sont pas toutes parfaites. Il u a toujours plus de sûreté dans l'humilité, la mortification, le détachement et les autres vertus. Aucun danger dans cette voie ; aucune appréhension non plus de ne point arriver à la perfection aussi bien que les plus grands contemplatifs.

Sainte Marthe était une sainte, quoiqu'on ne dise point qu'elle fût contemplative. N'enviez-vous pas pourtant, sans rien de plus, la condition de cette bienheureuse, qui mérita de recevoir tant de fois dans sa maison Notre-Seigneur Jésus-Christ, de lui donner à manger, de le servir, et de s'asseoir à sa table ? Si elle eût été, comme Madeleine, plongée dans la contemplation, il n'y aurait eu personne pour préparer le repas à l'hôte divin. Eh bien ! imaginez-vous que cette congrégation du Carmel est la maison de sainte Marthe et qu'il y faut exercer les deux offices. Si Dieu vous conduit par la vie active, ne murmurez pas d'en voir d'autres se livrer aux douceurs de la vie contemplative ; Notre-Seigneur est là pour les défendre, quoiqu'elles n'ouvrent pas la bouche, car le plus souvent, il fait qu'elles ne songent ni à elles-mêmes ni aux choses créées. Souvenez-vous qu'il en faut parmi vous pour préparer le repas du Sauveur, et estimez-vous heureuses de le servir avec Marthe. Enfin, considérez que la véritable humilité, dans les chrétiens, consiste principalement à se soumettre avec promptitude et avec joie à tout ce qui plaît à Notre-Seigneur d'ordonner d'eux, et à se trouver indignes de porter le nom de ses serviteurs.

Ainsi, mes filles, puisqu'il est vrai que, soit par la contemplation, soit par l'oraison mentale ou vocale, en assistant les malades ou en nous employant aux autres offices de la maison, et même dans les plus bas, nous servons toujours cet hôte divin, qui vient loger, manger, se reposer chez nous, que nous importe de nous acquitter de nos devoirs envers lui, plutôt d'une manière que d'une autre ?

Je ne dis pas que nous sommes libres de suivre nos préférences ;

soyons plutôt contentes de notre part, quelle qu'elle soit, car ce n'est pas à nous de choisir, mais à Dieu.

Si, après que vous aurez servi plusieurs années dans un même office, il veut que vous y demeuriez encore, ne serait-ce pas une plaisante humilité de vouloir passer à une autre ? Laissez faire le Maître de la maison : il est sage, il est puissant, il sait ce qui vous convient, et ce qui lui convient à lui-même. Faites ce qui dépend de vous ; préparez-vous à la contemplation avec le zèle dont j'ai parlé, et le divin Maître vous l'accordera. S'il vous la refuse (ce que je ne crois pas, si votre détachement et votre humilité sont sincères), c'est qu'il veut vous réserver cette joie pour le moment, où il vous mettra en possession de toutes les joies du paradis. Je me plais à le redire, il vous traite comme des âmes fortes, en vous faisant porter la croix, ainsi qu'il la porta, tant qu'il fut sur la terre. Quelle amitié plus excellente que de vouloir ainsi pour vous ce qu'il a voulu pour lui-même ? Et ne pourrait-il pas se faire que la vie de la contemplation fût moins féconde en mérites pour vous que l'état où vous êtes ? Ce sont des jugements que le Seigneur réserve, et qu'il ne nous appartient pas de pénétrer. Il nous est même salutaire que l'élection de notre voie ne soit pas laissée à notre libre arbitre ; car comme il nous semble qu'il y a dans la vie contemplative plus de repos, nous voudrions tous sur-le-champ devenir de grands contemplatifs. O le grand avantage de ne rechercher aucun avantage par le choix de notre propre volonté ! L'on n'a alors aucune perte à craindre ; et si Notre-Seigneur permet que l'âme véritablement mortifiée en éprouve quelqu'une, c'est toujours afin qu'elle réalise des gains plus considérables.

---

1. Le livre de sa Vie, ch. Xv, p. 149.

CHAPITRE QUATRE

Suite du même sujet - Les souffrances des contemplatifs dépassent de beaucoup celles des personnes qui sont dans la vie active. - Celles-ci trouvent là une grande consolation.

Gardez-vous de croire, mes filles (je m'adresse à celles que Dieu ne conduit pas par le chemin de la contemplation), que les croix des contemplatifs soient plus légères que les vôtres. Certes, si j'en juge par ce que j'ai vu et entendu, elles sont tout autrement pesantes. Vous seriez saisies d'effroi, si Dieu vous montrait la manière dont il les traite. Je connais ces deux états ; je sais que les tribulations par lesquelles Dieu fait passer les contemplatifs sont intolérables ; c'est au point que si Dieu ne fortifiait leur âme par l'aliment des délices intérieures, ils n'auraient point la force de les supporter : cela est évident. Car il est certain, d'une part, que Dieu mène ceux qu'il aime beaucoup, par le chemin des souffrances, et que plus il les aime, plus les souffrances sont vives ; si, d'autre part, Dieu ne hait pas les contemplatifs, s'il les loue au contraire lui-même et s'il les appelle se amis, il y aurait contradiction à croire que Dieu admet à son intimité des personnes de vie molle et délicate. Je tiens donc pour très certain que Dieu envoie aux contemplatifs des croix beaucoup plus grandes qu'aux autres. Le chemin par lequel il les amène est si âpre et si rude, que souvent il leur arrive de se croire égarés, et d'être tentés de revenir sur leurs pas pour retrouver leur route. Aussi faut-il que Notre-Seigneur leur donne un fortifiant, non pas d'une eau quelconque, mais d'un vin qui les enivre, afin qu'ils ne pensent pas à leurs souffrances et qu'ils puissent les supporter.

Ainsi je vois peu de contemplatifs qui ne soient courageux et déterminés à souffrir. La première chose que Notre-Seigneur fait en eux, lorsqu'il les voit faibles, est de leur donner du courage et de leur ôter l'appréhension des croix. Ceux qui sont dans la vie active s'imaginent sans doute, dès qu'ils sont témoins de la plus petite faveur accordée aux âmes élevées à la contemplation, qu'il n'y a dans cet état que douceurs et délices ; et moi je dis que peut-être ils ne pourraient supporter, durant un jour, les souffrances des contemplatifs. Mais Dieu, qui nous connaît tous, sait à quoi nous sommes propres, et il donne à chacun l'office qu'il voit être le plus convenable au salut de son âme, à sa propre gloire et au bien du prochain. Ainsi, mes filles, pourvu que vous vous soyez mises à la disposition de Dieu, ne craignez point que votre travail soit perdu. Comprenez bien mes paroles ; je dis que nous devons toutes nous y préparer : nous ne sommes ici assemblées que pour cela. Et nous n'y sommes pas pour un an ou deux, ou dix seulement ; limiter là notre fidélité serait lâche. Que Dieu voie bien en nous cette disposition de toute générosité.

Imitons ces soldats qui, même après de longues années de service, sont toujours à l'ordre, et prêts, sur un signe du capitaine, à prendre le poste où il les enverra ; car ils sont à sa solde, et il les paiera. Or, qu'est-ce que la solde des rois de la terre, en comparaison de celle de notre Roi ? Quand il voit ses fidèles debout devant lui et désireux de le servir, lui qui connaît les forces de chacun, il répartit les emplois selon les forces. S'ils ne se présentaient pas, ils ne recevraient pas d'ordre, ils n'auraient rien à faire à son service. Soyez donc exactes, mes soeurs, à l'oraison mentale, et si quelqu'une ne peut faire cette oraison, qu'elle vaque à la prière vocale, à la lecture, à de pieux colloques avec Dieu, comme je dirai dans la suite. Mais que nulle d'entre vous ne manque aux heures d'oraison prescrites par la règle. Vous ne savez point quand l'Epoux vous appellera, et vous devez craindre le sort des vierges folles. Peut-être lui plaira-t-il de vous appeler, sous couleur de consolations, à de plus grands travaux. S'il ne le fait pas, vous devez croire que vous n'y êtes pas propres et qu'il vous convient de servir dans la voie commune. Et c'est déjà une humilité de quelque mérite que de vous croire incapables même du bien que vous faites. Oui, servez avec allégresse le divin Maître en ce qu'il demande présentement de vous.

Si elles ont vraiment cette humilité-là, bienheureuses ces servantes de la vie active ! Sans se plaindre d'autre chose que de leur faiblesse, elles laissent aux contemplatifs les combats qu'ils ont à soutenir et qui ne sont pas petits.

Considérez les porte-drapeaux dans les batailles ; ils ne se battent point, il est vrai, mais ils n'en courent pas moins de grands dangers, et il leur faut au coeur un courage supérieur à celui des autres ; parce que, chargés du drapeau, ils ne peuvent parer les coups et doivent se laisser mettre en pièces plutôt que de l'abandonner. De même les contemplatifs doivent porter haut l'étendard de l'humilité, et demeurer exposés à tous les coups, sans en rendre aucun : leur office est de souffrir comme Jésus-Christ a souffert, et de tenir toujours la croix élevée, sans l'abandonner, quelques dangers qu'ils courent, sans montrer de la faiblesse, quelques peines qu'ils aient à souffrir. C'est dans cette vue que Dieu leur donne un emploi si honorable. Qu'ils prennent donc bien garde à ce qu'ils feront. Les enseignes abandonnent-ils leur drapeau, la bataille est infailliblement perdue. De même, les contemplatifs cessent-ils de répondre par leurs oeuvres au rang qu'ils occupent, leur exemple est très funeste aux personnes encore peu avancées dans la vertu, qui les regardaient comme leurs capitaines et de véritables amis de Dieu. Que de simples soldats aillent au combat comme ils peuvent, et quelquefois même lâchent pied, aux endroits où le péril est le plus grand, personne n'y prendra garde, et ils n'en sont point déshonorés. Mais les capitaines, exposés à tous les regards, ne sauraient faire un pas en arrière qu'on ne le remarque. Sans doute il est beau, il est glorieux, de marcher en tête des autres ; ceux à qui le Roi confie cet emploi, reçoivent une éminente faveur ; mais ils ne s'obligent pas à peu de chose en l'acceptant[1].

Mes soeurs, puisque nous ne savons ce que nous demandons, laissons faire Dieu et n'imitons pas ceux qui croient pouvoir en justice implorer des faveurs. Plaisante manière de s'humilier ! Aussi rarement, je pense, l'auteur de tout bien les leur accorde-t-il, parce que pénétrant le fond des coeurs, il ne les voit point disposés à boire son calice.

Voulez-vous avoir, mes filles, une marque de votre avancement dans la vertu ? Que chacune de vous examine si elle se croit la plus mauvaise de toutes, et s'il y paraît à ses oeuvres, pour l'édification et l'utilité du prochain : là est la marque du progrès, et non dans les délices de l'oraison, dans les ravissements, les visions et les autres faveurs de cette nature que Dieu fait aux âmes. De ces faveurs-là nous ne connaîtrons la valeur vraie que dans l'autre monde. Mais voici une monnaie qui a toujours cours, un revenu assuré, une rente perpétuelle ; et non pas une avance précaire et variable. Notre vrai trésor est une humilité profonde, une grande mortification, et une obéissance qui, voyant Dieu même dans le supérieur, se soumet à tout ce qu'il commande.

Je devrais, avant tout, insister sur l'obéissance, puisque sans elle il n'y a point de vraie religieuse ; mais je parle à des religieuses qui, à mon avis, sont bonnes, ou du moins désirent l'être : d'une vertu si connue et si importante je ne dirai qu'un mot, retenez-le. Toute personne qui, étant soumise par voeu à l'obéissance, y manque, et n'apporte pas tout le soin possible à accomplir ce voeu, je ne sais pas pourquoi elle reste dans le monastère. J'assure hardiment que tant qu'elle y manquera, elle n'arrivera jamais à être contemplative, ni même à se bien acquitter des devoirs de la vie active. Cela me paraît indubitable. Je dis plus, quand même ce serait une personne qui n'aurait point fait de voeu, si elle prétend arriver à la contemplation, elle doit, pour n'être point trompée, se résoudre fermement à soumettre sa volonté à la conduite d'un confesseur expérimenté dans cette voie. C'est une vérité reconnue que l'on avance plus de cette sorte en un an, que l'on ne ferait autrement en plusieurs années. Mais comme l'avis ne vous regarde point, il serait inutile de m'y arrêter davantage.

Ce sont donc là, mes filles, les vertus que je vous souhaite, que vous devez tâcher d'acquérir, et pour lesquelles vous pouvez concevoir une sainte envie. Quant à ces autres faveurs, n'ayez point de peine d'en être privées ; leur origine est douteuse. Tandis qu'en certaines âmes elles sont réellement un don céleste, Dieu pourrait permettre qu'elles ne fussent en vous qu'illusion du démon, qui vous tromperait ainsi qu'il en a trompé d'autres. Pourquoi aspirer à servir Dieu dans une chose incertaine, lorsque vous pouvez le servir en tant d'autres qui sont sûres ? et qui vous oblige à vous engager dans ce péril ?

Il m'a semblé nécessaire de parler avec quelque étendue sur ce sujet, parce que je connais la faiblesse de notre nature et aussi la force que Dieu donne, lorsqu'il lui plaît d'élever une âme à la contemplation. Pour ceux à qui Dieu ne veut pas faire cette grâce, j'ai cru leur devoir donner ces avis, grâce auxquels les contemplatifs eux-mêmes trouveront de quoi s'humilier. Je conjure Notre-Seigneur, au nom de sa bonté infinie, de nous éclairer pour accomplir en tout sa volonté ; et ainsi nous n'aurons rien à craindre.

1. « Voyez comme dans les batailles les porte-drapeaux et les officiers sont obligés à plus de valeur. Un pauvre petit soldat va son train ordinaire, et s'il se cache une fois ou une autre, pour n'aller pas dans la mêlée plus ardente, on ne fait aucune attention à lui ; on ne le voit pas, il ne perd pas l'honneur, il ne risque pas sa vie ; au contraire le porte-drapeaux doit aller de l'avant, avec sa bannière, sans la jeter, sans la lâcher, quand même on le mettrait en pièces, et toute l'armée a les yeux sur lui. » (Esc.)

L'ORAISON: LES DIFFICULTÉS DE LA MÉDITATION

CHAPITRE UN

De l'oraison. - Quelques avis aux âmes incapables de longs raisonnements.

J'ai interrompu cet écrit depuis bien des jours, sans avoir jamais eu le loisir de le reprendre. Pour savoir où j'en étais, il serait nécessaire de le relire ; mais afin de ne pas perdre le temps, disons ce qui viendra, sans plus réfléchir.

Les esprits réglés, les âmes exercées dans la méditation et capables de recueillement, ont à leur usage tant de livres, et si bien faits et si autorisés par le mérite de leurs auteurs, que ce serait folie d'accorder une attention quelconque à mes avis en matière d'oraison. Ces ouvrages présentent les mystères de la vie et de la passion de Notre-Seigneur, distribués pour chaque jour de la semaine ; il contiennent en outre des méditations sur le jugement, sur l'enfer, sur notre néant, sur les grandes obligations que nous avons à Dieu ; enfin, ils renferment des instructions solides et des règles sûres pour le commencement et la fin de l'oraison. A ceux qui peuvent méditer ainsi, et qui en ont déjà la coutume, je n'ai rien à dire ; par un chemin si sûr, Notre-Seigneur les conduira au port de la lumière, et la fin répondra à un si bon commencement. Tous ceux qui pourront marcher par cette voie, y trouveront repos et sécurité ; car dès que l'esprit peut se fixer, on va sans fatigue.

Mais il est des personnes qui ne peuvent méditer de la sorte ; c'est à elles que je voudrais donner quelques avis salutaires, si Notre-Seigneur daigne m'en faire la grâce : s'il me la refuse, vous saurez du moins qu'il y a beaucoup d'âmes qui passent par la voie pénible dont je vais parler, et vous ne vous affligerez point, si vous êtes de ce nombre.

Il y a certains esprits si mobiles et si déréglés, qu'on pourrait les comparer à des chevaux qui ne sentent plus le frein ; on ne peut plus les arrêter ; ils vont tantôt d'un côté, tantôt de l'autre, toujours inquiets, soit que cela vienne de leur naturel, soit que Dieu le permette ainsi[1]. J'avoue qu'ils me font grande pitié : ils ressemblent, à mon avis, à des gens qui ayant une extrême soif et voulant aller boire à une fontaine qu'ils voient de loin, trouvent des ennemis qui leur en disputent l'accès, à l'entrée, au milieu et au terme du chemin. Ils surmontent, non sans beaucoup de peine, les premiers ennemis ; mais ils se laissent vaincre par les seconds. Ils aiment mieux mourir de soif que de combattre plus longtemps, pour boire d'une eau qui doit leur coûter si cher ; la force leur manque, ils perdent courage. Ceux mêmes qui en ont assez pour vaincre les seconds ennemis, perdent coeur devant les troisièmes ; et peut-être n'étaient-ils alors qu'à deux pas de cette source d'eau vive dont Notre-Seigneur disait à la Samaritaine que celui qui en boirait n'aurait plus soif.

Oh ! qu'il est bien vrai, comme l'a dit Celui qui est la vérité même, que ceux qui s'abreuvent à cette fontaine n'ont plus soif d'aucune des choses de cette vie ; mais combien des choses de la vie future ! La soif d'ici-bas ne saurait nous en donner une idée. Comme ils ont soif d'éprouver cette soif inestimable ! Elle est pour eux un martyre, mais elle a des délices qui apaisent ses ardeurs. C'est une soif qui éteint lis désirs naturels, mais remplit les autres. Lorsqu'il plait à Dieu d'étancher cette soif dans une âme, une des plus grandes grâces qu'il puisse lui accorder, c'est de la laisser encore altérée ; et le besoin n'est que plus vif, après avoir bu de cette eau, d'en boire encore. Parmi les nombreuses propriétés de l'eau, il en est trois qui se présentent en ce moment à mon souvenir, et qui reviennent à mon sujet. La première est de rafraîchir : quelque chaleur que nous ayons, l'eau nous l'enlève. Elle éteint même les grands feux, sauf celui de goudron, qui s'en active au contraire[2]. Quelle merveille, mon Dieu ! que l'eau ajoute à l'ardeur du feu, quand il est vif, quand il est fort, quand il est supérieur aux éléments naturels, et que l'élément qui lui est contraire, au lieu de l'éteindre, l'enflamme de plus en plus !

Il me serait très utile de pouvoir consulter quelque savant, j'apprendrais de lui les propriétés des choses et je pourrais alors me bien expliquer. Je me délecte à traiter un pareil sujet, mais je ne sais comment l'exposer, et je n'en ai peut-être pas l'intelligence.

Mes soeurs, dès le jour où Dieu vous fera boire à cette eau, vous verrez,- celles d'entre vous qui en boivent le voient déjà, - de quelles délices l'âme est alors inondée. Vous comprendrez comment le véritable amour de Dieu, quand il est dans sa force, libre de toutes les choses de la terre, et planant au-dessus d'elles, devient maître de tous les éléments, et du monde lui-même. Ne craignez point que l'eau de la terre éteigne ce feu de l'amour de Dieu. Car quelque contraire qu'elle lui soit, cette eau n'a pas de pouvoir sur lui. Il est maître absolu, et au-dessus de ses lois. Vous ne vous étonnerez donc pas, mes soeurs, de tous les efforts que je fais dans ce livre pour vous porter à acquérir cette liberté. N'est-ce pas une chose admirable, qu'une pauvre religieuse de Saint-Joseph puisse parvenir à régner en souveraine sur toute la terre et sur les éléments ? Faut-il s'étonner, après cela, que les saints, avec l'assistance de Dieu, aient fait des éléments tout ce qu'il leur a plu ? Le feu et les eaux obéissaient à saint Martin, les poissons et les oiseaux à saint François ; plusieurs autres saints ont exercé un pareil empire sur les créatures. On voyait manifestement qu'ils s'étaient rendus maîtres de toutes les choses de la terre, en les méprisant et se soumettant sans réserve à Celui qui en est le souverain maître. Ainsi, comme je l'ai dit, l'eau d'ici-bas ne peut rien contre ce feu ; ses flammes montent trop haut, et son foyer même est trop élevé.

Il est d'autres feux qui n'ont pour principe qu'un faible amour de Dieu, et qui sont étouffés par le premier accident. Mais il n'en est point de même, oh ! non, de celui dont je parle. Quand toute une mer de tentations viendraient fondre sur lui, il ne s'éteindrait pas, et brûlerait malgré elles. Si c'est une eau qui tombe du ciel, elle ne fera que redoubler son ardeur. Cette eau et ce feu ne sont point opposés, leur pays natal est le même ; loin de se nuire, chacun favorise l'effet de l'autre. Cette eau, en effet, formée par les larmes qui coulent de la véritable oraison, est un don du Roi du ciel ; aussi contribue-t-elle à embraser et à entretenir ce feu ; et le feu aide l'eau des larmes à rafraîchir l'âme.

O Dieu, quelle agréable et merveilleuse chose qu'un feu qui refroidit (car ce feu refroidit, il glace même les affections terrestres) lorsqu'il agit de concert avec l'eau vive du ciel, j'entends cette source d'où découlent les larmes dont je parlais, et qui sont un don de Dieu, et non un fruit de notre industrie ! Cette eau céleste, je le répète, éteint en nous toute ardeur pour les choses de la terre et nous empêche de les considérer autrement que pour y allumer ce feu divin, à qui ses progrès ne suffisent jamais et qui voudrait, s'il pouvait, embraser l'univers.

La seconde propriété de l'eau est de purifier ce qui est impur ; et si l'on manquait d'eau pour cet usage, en quel état serait le monde ? Or, sachez-le, mes filles, cette eau vive dont je parle, cette eau céleste, cette eau claire, a une telle vertu, quand rien ne la trouble, quand rien ne la souille, mais qu'elle tombe directement du ciel, que d'en boire une seule fois, l'âme, je ne crains pas de l'affirmer, se trouve nette et purifiée de toutes ses fautes.

Cette eau, comme ,je l'ai dit ailleurs, est l'union divine, faveur toute surnaturelle et qui ne dépend pas de nous. Si Dieu nous fait don de cette eau, ce n'est que pour purifier une âme et la rendre nette de toute fange, misère et autres suites du péché. Les douceurs qui viennent par la méditation ordinaire ressemblent, quoi qu'elles fassent, à une eau de ruisseau et non de source, qui court sur la terre, qui se charge nécessairement du limon qu'elle entraîne, et qui perd ainsi de sa pureté et de sa limpidité. Aussi je ne donne point le nom d'eau vive à cette oraison de simple méditation. C'est du moins ainsi que je le comprends. Nous avons beau faire, en effet, notre âme, en se servant du corps et de ses organes terrestres, prend, malgré elle, quelque chose de la boue du chemin. Un exemple sera plus clair. Nous voulons nous exciter au mépris du monde, et nous considérons combien tout en lui est vain et passe vite ; sans y prendre garde, nous nous trouvons saisis et occupés de choses mondaines qui nous plaisent ; nous désirons les fuir, mais nous nous attardons à penser comment cela s'est fait, comment cela se fera, et ce que nous avons fait nous-mêmes et ce que nous ferons: e telle sorte que les considérations mêmes que nous appelons à notre secours, pour nous délivrer du monde, deviennent un vrai péril. Ce n'est pas qu'il faille pour cela les abandonner ; mais il y a lieu de craindre ; il faut être sur ses gardes.

Dans l'autre manière d'oraison, Dieu prend sur lui cette sollicitude : il ne veut pas se fier à nous du soin de notre âme. Il l'aime tellement qu'il ne lui permet pas de s'engager en des choses qui puissent lui nuire, dans le temps où il veut la faire jouir de ses faveurs. Ainsi, tout à coup, il l'approche de lui, il lui montre en un instant plus de vérités, il lui donne une plus claire vue de toutes les choses du monde, qu'elle n'aurait pu l'acquérir en plusieurs années. Dans la voie ordinaire, la vue n'est point libre, et nous sommes aveuglés par la poussière que nous soulevons en marchant. Dans l'autre voie, Notre-Seigneur nous fait atteindre le but, sans que nous sachions comment.

La troisième propriété de l'eau est d'étancher notre soif. La soif, ce me semble, est le désir d'une chose dont nous avons un si grand besoin que nous ne saurions, sans mourir, en être entièrement privés. Chose étrange que l'eau : s'il n'y en a pas, on meurt ; et s'il y en a trop, on meurt aussi. Témoin les noyés en si grand nombre.

O mon Maître, quel bonheur de se voir submergé dans cette eau vive jusqu'à y perdre la vie ! Mais cela est-il possible ? Oui. Notre amour pour Dieu, notre désir de lui être unis, peuvent croître à un tel point, que le corps ne puisse plus le supporter: t ainsi il y a eu des personnes qui en sont mortes. J'en connais une à qui cette eau vive était prodiguée en si grande abondance qu'elle en serait morte, sans un secours particulier de Dieu. Son âme en était comme ravie et séparée du corps, pour indiquer le repos dont elle jouissait dans cet état. Elle mourait de se sentir en ce monde, mais elle ressuscitait en Dieu, et Dieu la rendait capable d'un bonheur dont elle n'aurait pu jouir sans perdre la vie, si elle fût demeurée en elle-même.

Comprenons cette vérité. Comme en Dieu, qui est notre souverain bien, il ne saurait y avoir rien qui ne soit parfait, il ne nous accorde jamais rien qui ne soit pour notre avantage ; et quelque abondante que soit l'eau qu'il nous donne, elle ne peut pas nous venir de lui en excès. C'est pourquoi lorsqu'il donne à une âme beaucoup de cette eau, il la rend capable d'en boire beaucoup : de même que celui qui fait un vase lui donne la capacité nécessaire pour contenir ce qu'il y veut mettre.

Quant aux désirs de cette eau vive, ils sont toujours, lorsqu'ils viennent de nous, accompagnés de quelque imperfection ; et s'il s'y rencontre quelque chose de bon, nous en sommes redevables à l'assistance de Notre-Seigneur. Nous ne sommes pas assez discrets ; comme il y a dans la peine que causent ces désirs tant de suavités et de délices, nous croyons ne pouvoir jamais nous en rassasier. Nous mangeons sans mesure ; nous excitons encore de tout notre pouvoir la véhémence de ce désir, et il devient quelquefois si fort qu'il ôte la vie. Bienheureuse mort sans doute ! mais peut-être ceux dont elle finit l'exil auraient pu, en continuant de vivre, aider les autres à mourir du désir de cette mort. Selon moi, il y a ici un artifice du démon à craindre: voyant combien la vie de ces personnes lui peut apporter de dommage, il les excite à se livrer à des pénitences indiscrètes, afin de ruiner leur santé ; gros bénéfice pour lui. Voilà pourquoi une âme qui est arrivée jusqu'à éprouver une soif si violente, doit se tenir sur ses gardes, parce qu'elle peut être assurée qu'elle aura cette tentation. Si elle ne meurt pas de soif elle ruinera sa santé, et laissera, malgré elle, percer au dehors le secret de son intérieur : ce qu'il faut éviter avec tout le soin possible. Quelquefois, il est vrai, les précautions seront vaines, et on s'apercevra de certains mouvements de notre âme que nous voudrions tenir cachés. Du moins prenons garde, quand nous sentons l'impétuosité de ce désir s'accroître avec tant de violence, de l'augmenter nous-mêmes. Tâchons, au contraire, de l'arrêter doucement, à l'aide de quelque autre considération. Quelquefois la nature agit autant dans ce désir que l'amour de Dieu. Car il y a des personnes qui désirent avec ardeur tout ce qu'elles désirent, quand bien même ce serait quelque chose de mauvais ; celles-là, à mon avis, ne sont pas des plus mortifiées ; la mortification, qui sert à tout, modérerait en elles ce désir.

Mais n'est-il pas déraisonnable de se détacher d'une chose qui est si bonne ? Nullement. Car je ne prétends pas qu'il faille étouffer ce désir, mais seulement le modérer par un autre, qui peut-être sera d'un mérite égal. Je veux m'expliquer plus clairement. Il nous vient, comme à saint Paul, un grand désir de nous voir délivrés de la prison de ce corps pour être avec Dieu. La peine que nous cause ce désir étant à la fois si légitime et si suave, il ne faudra pas une petite mortification pour l'arrêter, on ne le pourra même pas entièrement. Quelquefois cette peine va presque jusqu'à troubler le jugement. C'est ce que j'ai vu arriver naguère à une personne, qui n'est sans doute ni violente, ni impétueuse de caractère, mais qui sait si bien rompre en tout sa volonté, qu'elle semble n'en plus avoir ordinairement. Pendant quelque temps je la vis comme hors d'elle-même, tant sa peine était excessive, et tant elle faisait d'efforts pour la dissimuler. Dans un cas pareil, alors même que l'ardeur du désir vient de Dieu, il est, selon moi, de l'humilité de craindre, parce que nous ne devons point nous croire un amour de Dieu assez grand pour nous réduire à une telle extrémité. De plus, je dis qu'une personne en cet état doit, si elle le peut, car peut-être ne le pourra-t-elle pas toujours, faire diversion au désir de mourir, en considérant qu'en vivant elle procurera à Dieu plus de gloire ; que peut-être elle ouvrira les yeux à quelque âme, qui sans cela se perdrait ; qu'en demeurant plus longtemps au service de Dieu, elle méritera de jouir plus intimement de lui dans le ciel ; enfin qu'elle a lieu de trembler, en songeant au peu qu'elle a fait jusque-là. A l'aide de ces pensées, l'âme trouvera consolation dans son tourment, et adoucissement à sa peine ; elle en tirera en outre un grand profit, celui de plaire à Notre-Seigneur, en consentant à vivre, et à supporter le martyre de son exil. Elle doit ici se tenir à elle-même le langage qu'elle adresserait à une personne extrêmement affligée. Pour la consoler, elle lui dirait : Prenez patience, abandonnez-vous entre les mains de Dieu, priez-le d'accomplir en vous sa volonté. Croyons, en effet, que le plus sûr est de nous abandonner à lui en toutes choses.

Le démon peut aussi contribuer à augmenter la violence de ce désir ; on en voit la preuve dans un exemple rapporté, je crois, par Cassien. Le tentateur persuada à un ermite, dont la vie était très austère, de se jeter dans un puits, lui faisant entendre qu'il verrait plus tôt Dieu. Pour moi, je suis convaincue que la vie de ce solitaire n'avait pas été sainte, ni son humilité véritable : autrement, Notre-Seigneur qui est fidèle, n'eût point permis qu'il se fût aveuglé de la sorte dans une chose si claire.

Il est évident que tout désir qui vient de Dieu, loin de porter au mal, est accompagné de lumière, de discrétion et de sagesse ; mais il n'est point d'artifice dont l'ennemi de notre salut ne se serve pour nous nuire. Comme il veille toujours, veillons, nous aussi. Cet avis est utile en bien des circonstances : ainsi l'on doit, par exemple, abréger le temps de l'oraison, quelque consolation que l'on y goûte, lorsque l'on aperçoit que les forces du corps commencent à défaillir, ou que la tête s'en trouve mal. En tout, la discrétion est grandement nécessaire.

Pourquoi, mes filles, vous ai-je montré la palme de la victoire avant le combat, en vous dévoilant le bonheur de l'âme qui, parvenue à cette céleste fontaine, s'abreuve de ses eaux vives ? C'est afin que, loin de vous laisser abattre par les souffrances et les obstacles du chemin, votre courage s'enflamme, et ne cède jamais à la fatigue. Sans cela il pourrait arriver, comme je l'ai dit, qu'étant venues jusqu'au bord de la fontaine et n'ayant plus qu'à vous baisser pour boire, vous abandonniez tout et perdiez cette faveur, persuadées que vous n'avez pas la force d'atteindre jusqu'à elle et que vous n'êtes pas destinées à la recevoir.

Considérez que Notre-Seigneur nous convie tous ; puisqu'il est la vérité même, nous ne saurions en douter. Si ce banquet n'était pas général, il ne nous y appellerait pas tous ; et quand même il nous y appellerait, il ne dirait pas : Je vous donnerai à boire. Il aurait pu dire : Venez tous, vous ne perdrez rien à me servir ; quant à cette eau céleste, j'en donnerai à qui il me plaira. Mais comme il ne met de restriction ni dans son appel ni dans sa promesse, je tiens pour certain que tous ceux qui ne s'arrêteront point en route, boiront enfin de cette eau vive. Daigne Notre-Seigneur, qui nous la promet, nous faire la grâce de la chercher comme il convient !

---

1. « Si celui qui les monte est habile, il ne court pas toujours de danger, quelquefois si pourtant. S'il est sûr de sa vie, il n'est pas sûr d'un accident ou d'une gaucherie quelconque. (Esc.)
2. La sainte fait sans doute allusion au feu grégeois.

CHAPITRE DEUX

Des consolations diverses qu'apportent l'oraison et du bienfait de les partager avec d'autres.

Il semble qu'il y a contradiction entre ce dernier chapitre et ce que j'ai dit auparavant, lorsque, pour consoler les âmes qui ne parviennent pas jusqu'à la contemplation, j'ai avancé qu'il y a plusieurs chemins pour aller à Dieu, de même qu'il y a plusieurs demeures dans le ciel. Je le maintiens encore. Notre-Seigneur, connaissant notre faiblesse, et prenant conseil de sa bonté, nous a ménagé des secours en rapport avec nos besoins. Toutefois il n'a pas dit aux uns d'aller par un chemin, et aux autres d'aller par un autre ; mais dans l'excès de sa miséricorde, il a permis à tous d'aller boire à cette fontaine de vie. Qu'il en soit à jamais béni. A moi particulièrement quelles raisons n'avait-il pas pour me défendre. Il ne m'a pourtant pas arrêtée, quand j'ai fait les premiers pas vers ces eaux vives, mais il tout disposé pour que j'y fusse plongée jusqu'au fond. Il n'en défend donc l'approche à personne, mais il nous y invite tous publiquement et à grands cris. Cependant comme il est si bon, il ne nous force pas ; mais il a bien des manières de donner à boire à ceux qui veulent le suivre, afin que nul ne soit privé de consolation et ne meure de soif. En effet de cette source abondante jaillissent divers ruisseaux, les uns plus grands, les autres moindres et d'autres si petits qu'ils n'ont qu'un filet d'eau : ceux-ci pour les enfants, c'est-à-dire pour ceux qui commencent ; s'ils avaient plus, ils seraient épouvantés de voir tant d'eau.

Ne craignez donc point, mes soeurs, de mourir de soif dans ce chemin ; jamais l'eau des consolations ne vous manquera à ce point. Croyez-moi donc, et marchez toujours, combattez avec courage, mourez plutôt que d'abandonner votre entreprise ; vous n'êtes ici que pour combattre et pour persévérer dans la résolution de mourir, plutôt que de renoncer au but final. Si Notre-Seigneur vous laisse endurer quelque soif en cette vie, dans la vie éternelle, il vous fera boire à longs traits de cette eau divine ; ne craignez pas qu'il manque à sa parole. Puissions-nous ne pas manquer à la nôtre ! Amen.

Comment doit-on commencer ce voyage, de manière à ne pas s'égarer dès le début ? Je vais traiter brièvement ce point, qui est le plus important ; j'ajoute même que de lui dépendent tous les autres. Je ne prétends pas que celui dont la résolution ne serait pas encore aussi ferme que je le dirai bientôt, doive renoncer à entreprendre ce voyage : Notre-Seigneur le fortifiera peu à peu. Et quand il n'avancerait que d'un pas, ce pas est d'un grand mérite, et il peut être sûr d'en être récompensé. C'est comme un homme qui aurait un chapelet auquel seraient appliquées des indulgences ; s'il le dit une fois, il les gagne une fois ; et s'il continue, il les gagnera autant de fois qu'il le récite ; mais si jamais il ne le prend en main et se contente de le tenir dans l'étui, il vaudrait mieux qu'il ne l'eût point. De même, quoique cette personne ne continue pas à marcher, le peu qu'elle aura marché lui donnera lumière pour se bien conduire ailleurs, et la lumière qu'elle recevra sera en proportion de la route parcourue. Enfin, qu'elle soit certaine que si elle quitte ce chemin, elle ne se trouvera jamais mal de l'avoir pris, parce que jamais le bien ne produit le mal.

Aussi, mes filles, travaillez à dissiper les craintes des personnes qui vous sont chères, et en qui vous verrez quelque disposition à entreprendre un tel voyage. Dans tous vos entretiens, je vous en prie, pour l'amour de Dieu, ayez toujours pour but le bien spirituel de ceux à qui vous parlez. L'avancement des âmes étant l'objet de votre oraison, et votre devoir étant de le demander sans cesse à Dieu, vous ne seriez pas excusables, si vous ne le procuriez pas vous-mêmes par tous les moyens. Voulez-vous être bonne parente ? en voilà le moyen ; bonne amie ? ne songez pas à autre chose. Ayez la vérité dans le coeur, comme la méditation doit l'y établir, et vous verrez clairement quel amour nous devons avoir pour le prochain.

Ce n'est plus le temps, mes soeurs, de s'amuser à des jeux d'enfants ;

j'appelle de ce nom ces amitiés honnêtes qu'on cultive dans le monde. Ainsi vous ne devez jamais user de ces paroles : M'aimez-vous ? Ne n'aimez-vous point ? ni avec vos parents, ni avec nul autre, si ce n'est pour quelque fin importante, ou pour le bien spirituel d'une personne. Quelquefois, en effet, pour disposer quelqu'un de vos frères, de vos proches ou quelque autre personne semblable, à écouter une vérité et à en faire son profit, il sera besoin d'user de ces témoignages d'amitié toujours agréables à la nature : une de ces paroles affectueuses (c'est ainsi qu'on les appelle dans le monde) pourra faire sur eux plus d'impression que plusieurs autres, qui auront directement Dieu pour objet, et les préparera à bien recevoir ce qu'on leur dit pour le bien de leur âme. Ainsi, pourvu que l'on n'en use que dans cette vue, je ne les désapprouve pas, mais autrement, elles n'apporteraient aucun profit, et pourraient, à votre insu, causer du dommage.

Les gens du monde ne savent-ils pas qu'étant religieuses, votre occupation est l'oraison ? Gardez-vous donc bien de dire : Je ne veux pas qu'on me croie parfaite ; parce que le monde étend à toute la communauté, le bien ou le mal qu'il aperçoit en vous. C'est très regrettable que des religieuses, étroitement obligées par état à ne parler que de Dieu, s'imaginent pouvoir avec raison dissimuler en semblables circonstances, à moins que ce ne soit pour quelque grand bien, ce qui arrive rarement. Votre manière d'agir doit être celle d'une épouse de Jésus-Christ, et vous devez aussi en avoir le langage. Que ceux qui voudront traiter avec vous, apprennent votre langage ; s'ils s'y refusent, gardez-vous bien d'apprendre le leur ; ce serait l'enfer. S'ils vous trouvent grossières, il importe peu ; s'ils vous disent hypocrites, il importe moins encore. Vous y gagnerez de n'être visitées que de ceux qui entendront votre langage. Un homme qui n'entendrait point l'arabe, ne pourrait parler longtemps avec un autre qui ne saurait point d'autre langue. Ainsi cesseront-ils de vous importuner et de vous nuire ; car il vous nuirait, et beaucoup, de commencer à parler une autre langue : tout votre temps se consumerait à cela ; et vous ne sauriez comprendre, comme moi, qui l'ai expérimenté, quel est le mal qu'en reçoit une âme. En voulant apprendre cette langue, on oublie l'autre ; de là naît une inquiétude continuelle, état qu'il faut absolument éviter, parce que rien n'est plus nécessaire que la paix et la tranquillité de l'esprit, pour avancer dans ce chemin dont je commence à vous parler.

Si ceux qui communiqueront avec vous, veulent apprendre votre langue, quelle doit être votre conduite ? Attendu qu'il ne vous appartient pas d'enseigner, contentez-vous de leur dire les trésors que l'on gagne à être initié à ce langage, et ne vous lassez point de le leur répéter ; mais faites-le avec piété, avec charité, et joignez-y vous oraisons, afin que, connaissant tout le prix de la science à laquelle ils aspirent, ils cherchent des maîtres capables de les en instruire. Ce ne serait pas une petite faveur que vous recevriez de Dieu, si vous pouviez allumer dans une âme le désir de ce bien.

Mais, lorsque l'on veut commencer à parler de ce chemin, que de choses se présentent à l'esprit, même quand on y a aussi mal marché que moi. Plaise à Dieu, mes soeurs, que mes paroles soient meilleures que mes oeuvres. Amen.

CHAPITRE TROIS

Combien il importe de commencer à faire oraison avec une volonté résolue.

Ne vous étonnez pas, mes filles, qu'il faille songer à tant de choses pour commencer ce voyage divin : le chemin où nous entrons est un chemin royal qui conduit au ciel. Est-il étrange que la conquête d'un tel trésor nous coûte un peu cher ? Un temps viendra, où nous comprendrons que le monde entier ne saurait le payer.

Eh bien ! quelles doivent être les dispositions de ceux qui commencent leur voyage, avec un sincère désir d'arriver au bout et de s'abreuver à la source de vie ? D'abord, et par-dessus tout, une ferme et inébranlable résolution de ne suspendre leur course, que lorsqu'ils seront parvenus au terme. Ainsi, qu'ils avancent toujours, en dépit des obstacles, des difficultés, des tribulations, des murmures ; sans écouter la crainte ou de n'arriver point au but, ou de mourir en chemin, ou de manquer de courage dans l'épreuve, sans s'inquiéter du monde qui nous dit : « Cette voie est dangereuse : une telle s'y est perdue ; celle-ci s'est égarée ; cette autre qui ne cessait de prier, est tombée ; on nuit ainsi à la vertu ; les femmes sont sujettes aux illusions ; ce n'est pas fait pour elles ; mieux vaut filer ; elles n'ont pas besoin de ces raffinements ; le Pater et l'Ave Maria suffisent. » Oui, sans doute, mes soeurs, cela suffit, je suis la première à en convenir ; il y aura toujours un sérieux avantage à établir son oraison sur la prière, qui est sortie d'une bouche comme celle de Notre-Seigneur. En cela ils disent vrai ; et si notre faiblesse n'était si grande et notre dévotion si tiède, nous n'aurions besoin ni d'autres manières de prier, ni d'aucun livre traitant de l'oraison.

Mais je parle ici à des âmes incapables de se recueillir pour contempler des mystères, et qui trouvent cette sorte d'oraison trop artificielle ; je pense aussi à certains esprits si subtiles que rien ne les satisfait jamais ; et je veux à leur usage établir sur le Pater quelques règles pour commencer, continuer et finir l'oraison ; je ne m'arrêterai d'ailleurs pas à des considérations plus hautes.

Aucune crainte désormais qu'on vous ôte vos livres : si vous faites cette prière avec affection et humilité, vous n'aurez pas besoin d'autre chose. Pour moi, j'ai toujours eu grand goût aux paroles de l'Evangile, et elles m'ont plus portées au recueillement que les ouvrages les mieux écrits. Du reste, quand ces livres n'étaient point d'auteurs bien approuvés, je n'avais aucune envie de les lire.

Je m'approcherai donc du Maître de la sagesse, et peut-être me donnera-t-il quelques enseignements qui vous satisferont. A Dieu ne plaise toutefois que je prétende vous expliquer ces divines oraisons ; assez d'autres l'on fait, et quand cela ne serait point, je regarderais comme une impertinence de m'y hasarder. Je vous proposerai seulement quelques considérations sur les paroles du Pater, pour vous épargner les longues lectures, qui éteignent parfois la dévotion dans les matières les plus dévotes. Un maître qui enseigne s'affectionne à son disciple, cherche à lui faire aimer la leçon et l'aide de son mieux à l'apprendre. Ainsi en agira ce divin Maître avec nous. Ne faites donc aucun cas ni des craintes que plusieurs vous inspireront, ni des dangers dont ils vous feront la peinture. Plaisante chose en vérité que je prétendisse aller sans péril par un chemin infesté de voleurs et à la recherche d'un grand trésor ! Ah ! bien oui, au train dont va le monde, espérez qu'il vous laissera prendre ce trésor sans résistance. Pour un simple maravédi les gens du siècle passeront des nuits sans dormir, et vous tourmenteront corps et âme. Et quand vous allez, vous, chercher un trésor, quand vous allez l'emporter de force, suivant le mot du Seigneur « les violents le ravissent », quand vous y allez par un chemin royal, par un chemin sûr, par le chemin où marche devant vous le Roi Jésus, par le chemin que suivirent tous ses élus, on vous parle de dangers, on vous donne des frayeurs ! Eh ! quels dangers ne courent pas plutôt ceux qui cherchent le même trésor, à leur fantaisie et sans chemin aucun ?

O mes filles ! ces périls sont incomparablement plus grands ; mais ils ne les connaîtront que quand ils y seront tombés, quand ils ne trouveront personne qui leur tende la main, quand ils n'auront plus d'espoir d'atteindre à l'eau vive, dont ils ne boiront ni peu ni prou, ni à rigole ni à ruisseau. Or, sans une seule goutte de cette eau céleste, comment poursuivront-ils une route où il y a tant d'ennemis à combattre ? N'est-il pas évident que, dans le temps le plus favorable, ils mourront de soif ?

Que nous le voulions ou non, nous marchons tous, quoique de différentes manières, vers cette fontaine de vie ; mais il n'y a, croyez-m'en, qu'un chemin qui y conduit, c'est l'oraison. Quiconque nous en indique un autre, vous trompe.

L'oraison doit-elle être mentale ou vocale pour tous, c'est ce que je n'examine pas maintenant. La vérité est que les deux sortes d'oraison vous sont nécessaires : les personnes religieuses doivent les allier l'une à l'autre. Si quelqu'un vous dit qu'il y a du danger, regardez-le comme un ennemi dangereux, et fuyez tout commerce avec lui. Gravez cet avis dans votre mémoire, il pourra vous être utile un jour. Le danger, c'est de manquer d'humilité et des autres vertus. Mais à Dieu ne plaise que l'on puisse jamais dire que le chemin de l'oraison est un chemin dangereux. C'est le démon, n'en doutons pas, qui a inventé ces frayeurs, et, par cet artifice, il est parvenu à faire tomber quelques âmes, adonnées en apparence à l'oraison.

Considérez l'aveuglement du monde. Il ferme les yeux sur ces milliers d'infortunés qui menaient une vie de dissipation, et non d'oraison, et qui sont tombés dans l'hérésie et dans de graves désordres. Si, au contraire, parmi le grand nombre des personnes d'oraison, le démon, pour mieux arriver à ses fins, en séduit quelques-unes faciles à compter[1], on en profite pour inspirer à d'autres une peur extrême de la vertu. Vain prétexte, et qui ne couvre pas ceux qui l'invoquent, parce qu'ils n'évitent le mal qu'en omettant le bien. L'invention est des plus perfides que je connaisse et vient sûrement du démon.

O mon Maître ! défendez vous-même votre cause. Voyez dans quel faux sens on explique vos paroles ; et ne permettez pas que ceux qui vous servent tombent en de pareilles faiblesses.

Un avantage vous est assuré, mes filles, c'est que vous rencontrerez toujours des amis qui vous soutiendront. Tel est en effet le véritable serviteur de Dieu, éclairé d'en haut sur le vrai chemin, que loin de céder à ces frayeurs, il en ressent un plus vif désir de ne pas s'arrêter.

Il voit clairement venir le coup du démon ; mais il l'évite et frappe lui-même son adversaire à la tête, d'un coup qui lui cause plus de dépit que toutes les complaisances de ses esclaves ne lui apportent de joie.

Dans ces temps de troubles et de zizanie où le démon entraîne, ce semble, à sa suite tous les hommes éblouis par l'apparence d'un bon zèle, que fait Dieu ? Pour ouvrir les yeux à tant d'aveugles et pour leur découvrir de qui viennent ces ténèbres, qui les empêchent de voir le vrai chemin, il suscite un homme. O grandeur de Dieu ! souvent un homme ou deux, qui disent la vérité, sont plus puissants que beaucoup d'autres réunis. Peu à peu ils parviennent à montrer la véritable voie ; Dieu leur donne du courage. Si on dit que l'oraison offre des dangers, ils tâchent d'en montrer l'excellence, moins par des paroles, que par des oeuvres. Dit-on qu'il n'est pas bon de communier souvent, ils s'approchent plus fréquemment de la sainte table. Ainsi, pourvu qu'il y ait un ou deux hommes qui, sans trembler, visent au plus parfait, peu à peu Notre-Seigneur regagne ce qu'il avait perdu.

Elevez-vous donc, mes soeurs, au-dessus de ces craintes ; en des choses de cette importance, ne faites jamais cas de l'opinion du vulgaire. Considérez que nous ne vivons pas dans des temps où l'on puisse ajouter foi à toutes sortes de personnes, mais seulement à celles qui conforment leur vie à la vie de Jésus-Christ. Efforcez-vous de conserver votre conscience pure ; fortifiez-vous dans l'humilité ; foulez aux pieds toutes les choses de la terre ; soyez inébranlables dans la foi de la sainte Eglise notre mère, et ne doutez pas après cela que vous ne soyez dans le bon chemin. Je le répète encore, dédaignez ces craintes absolument vaines ; et si quelques-uns y insistent, faites-leur connaître avec humilité quelle est votre voie ; dites-leur, ce qui est vrai, que votre règle vous ordonne de prier sans cesse et que vous êtes obligées de l'observer. S'ils vous répondent que cela s'entend de la prière vocale, demandez-leur s'il faut que l'esprit et le coeur soient attentifs dans les prières vocales. Et s'ils répondent que oui, comme ils le feront nécessairement, ce sera de leur part un aveu que vous devez faire l'oraison mentale et passer même à la contemplation, s'il plaît à Dieu de vous y élever.

---

1. « Algunos bien contados. » (Esc.)

CHAPITRE QUATRE

Nature de l'oraison mentale.

Sachez, mes filles, que l'oraison n'est pas vocale ou mentale, selon qu'on a la bouche ouverte ou fermée. En effet, si lorsque je prie vocalement, toute mon âme s'occupe de Dieu, si je me tiens en sa présence, plus attentive à cette considération qu'aux paroles que je prononce, j'unis l'oraison mentale à l'oraison vocale. A moins qu'on ne prétende que l'on parle à Dieu, quand, en prononçant le Pater, on a l'esprit tout préoccupé du monde ; dans ce cas, je n'ai plus rien à dire. Mais si, parlant à ce grand Dieu, vous voulez lui parler avec le respect qu'il mérite, ne devez-vous pas considérer qui il est, et qui vous êtes ? Comment donner à un grand personnage le titre de prince ou celui d'altesse, comment observer l'étiquette qui est de rigueur devant lui, si vous ne savez au juste et quel est son rang et quel est le vôtre ? Ces cérémonies dépendent de la différence des qualités, comme aussi de la coutume et de l'usage. Il est nécessaire que vous les sachiez ; autrement vous serez renvoyées comme des personnes sans éducation, et vous ne pourrez traiter avec eux d'aucune affaire[1].

Mais quel est cet oubli, ô mon Seigneur ? ô mon Souverain ! Vous êtes roi, mon Dieu, et vous l'êtes pour l'éternité, et vous ne tenez pas d'un autre votre royauté. Lorsque j'entends dire au Credo, que votre royaume n'aura pas de fin, il est rare que je n'en ressente pas une douceur particulière. Je vous en loue, Seigneur, et je vous en bénis pour jamais ! Ne permettez donc jamais que cette maxime soit reçue parmi nous, qu'on peut, lorsqu'on vient vous parler, ne le faire que du bout des lèvres.

Que voulez-vous dire, chrétiens, quand vous prétendez que l'oraison mentale n'est point nécessaire ? Vous entendez-vous bien vous-même ? Certes, je pense que non ; et de là vient que vous voudriez nous égarer tous à votre suite. Vous montrez que l'oraison mentale, la manière de faire la vocale, et la contemplation, sont choses inconnues de vous ; car si vous en aviez une juste idée, vous ne condamneriez pas d'un côté ce que vous approuvez de l'autre.

Pour moi, mes filles, je regarde comme un devoir d'insister, dans cet écrit, toutes les fois que je m'en souviendrai, sur la nécessité d'unir l'oraison mentale à l'oraison vocale. Mon dessein est de vous prémunir contre les vaines terreurs que certains esprits voudraient vous inspirer. Je sais où peuvent mener leurs discours, j'en ai moi-même assez souffert. Aussi je souhaite que personne ne vienne vous alarmer sur le chemin que vous suivez, car il est préjudiciable d'y marcher avec crainte. Il vous importe au contraire extrêmement d'être assurées que le chemin que vous tenez est bon. Autrement il vous arriverait comme au voyageur, à qui l'on dit qu'il s'est égaré : il tourne de tous côtés pour trouver sa route, et ne gagne à ce travail que de se lasser, de perdre du temps, et d'arriver plus tard.

Quelqu'un oserait-il soutenir que c'est mal fait, avant de commencer à dire les heures ou à réciter le rosaire, de penser à celui à qui nous allons parler, et de nous remettre devant les yeux qui il est, afin de considérer de quelle façon nous devons traiter avec lui ? Eh bien ! mes soeurs, si vous faites ce qu'il faut pour vous bien pénétrer de ces deux points, je vous déclare qu'avant de commencer votre prière vocale, vous aurez déjà consacré un temps assez considérable à la mentale.

Certes, quand nous abordons un prince pour lui parler, ce ne doit point être avec ce laisser-aller, qui nous serait permis à l'égard d'un paysan ou d'un pauvre tel que nous, qui ne sommes pas difficiles. Sans doute l'humilité du divin Roi est si grande, que malgré ma bassesse et mon langage rustique, il ne laisse pas de m'écouter et de me permettre de m'approcher de lui. Je sais que les anges qui sont comme ses gardes, ne me repoussent point, parce qu'ils connaissent la bonté de leur Souverain ; ils n'ignorent pas que la simplicité d'un petit berger bien humble et qui en dirait davantage s'il en savait davantage, lui est plus agréable que la sublimité et l'élégance de langage des plus fameux savants, lorsque l'humilité leur manque. Mais parce que notre Roi est bon, devons-nous être grossiers ? Cette seule faveur, de nous supporter en sa présence, malgré notre corruption, ne nous impose-t-elle pas le devoir de chercher à connaître quelle est sa grandeur et sa pureté ? Il est vrai qu'il suffit de l'approcher pour le savoir, comme il suffit de savoir la naissance, les biens et les dignités des princes de ce monde pour apprendre quel est l'honneur qui leur est dû. Remarquez que dans le monde, ce n'est pas le mérite des personnes qui règle les marques ou témoignages d'honneur, mais le chiffre de leurs revenus. O misérable monde !

Vous ne sauriez, mes filles, trop louer Dieu de l'avoir abandonné. On y considère les gens, non d'après leur valeur personnelle, mais par les domaines de leurs fermiers et de leurs vassaux ; que cette fortune s'écroule, tout bonheur s'évanouit. Voilà de quoi vous amuser quand vous serez ensemble en récréation ; il est vraiment divertissant de voir dans quel aveuglement les gens du monde passent leur vie.

O Maître absolu de tout, suprême pouvoir, souveraine bonté, éternelle sagesse, sans principe, sans fin, abîme de merveilles, beauté, source de toute beauté, force qui est la force même ! ô Dieu dont les oeuvres n'ont pas de terme, dont les grandeurs sont incompréhensibles et infinies ! que n'ai-je à moi toute seule toute l'éloquence et toute la science possible, - pauvre science qui ne sait rien, - pour dire ici quelqu'une de ces perfections divines, qui peuvent nous indiquer un peu des grandeurs de ce Seigneur, notre unique bien !

Oui, songez, en vous approchant de lui, et comprenez avec qui vous allez vous entretenir ou à qui vous parlez déjà. Mille vies, comme la nôtre, ne suffiraient pas pour que nous arrivions à comprendre le respect que mérite de nous ce Dieu, devant qui les anges tremblent, à la parole duquel tout obéit, qui peut tout, et pour qui vouloir c'est faire. Réjouissons-nous ici des grandeurs qui sont celles de notre époux, et comprenons à qui nous sommes unies, et quelle vie doit être la nôtre !

Eh quoi ! mon Dieu ! quand on se marie dans le monde, le premier souci est de connaître la personne, ses qualités, sa fortune. Pourquoi nous, qui sommes déjà fiancées au Roi de gloire, ne chercherions-nous pas à le bien connaître avant le jour de ces noces éternelles, où il doit nous introduire dans sa maison ? Pourquoi, puisqu'on le permet aux fiancées du monde, nous serait-il interdit de chercher quel est cet homme, quel est son père, quel est le pays où il doit nous emmener, quels biens il nous promet, quels sont ses goûts, de quelle manière enfin nous pourrons le contenter, lui faire plaisir et conformer en tout notre humeur à la sienne.

Si c'est là tout ce qu'on demande à une fille, pour qu'elle soit heureuse en ménage, quand même son mari serait d'une condition inférieure, convient-il, ô mon divin Epoux, qu'on fasse moins de cas de vous que des hommes ? Le monde est peut-être d'un autre avis ; mais que le monde vous laisse vos épouses, puisque c'est avec vous qu'elles doivent passer leur vie. Quand un mari vit si bien avec sa femme qu'il la veut toujours près de lui, et non ailleurs, il serait beau vraiment qu'elle manque en cela de complaisance pour lui, et qu'elle ne se rende pas à son humeur et à ses exigences, puisqu'en fin de compte elle possède en lui tout ce qu'elle peut désirer. C'est faire oraison mentale, mes filles, que de bien comprendre ces vérités. Que s'il vous plaît d'y joindre la prière vocale, à la bonne heure, vous le pouvez : mais de grâce, lorsque vous parlez à Dieu, ne pensez point à d'autres choses ; car c'est montrer qu'on ignore ce qu'est l'oraison mentale. Je crois vous l'avoir assez expliqué ; plaise à Notre-Seigneur de nous en donner la science pratique ! Amen[2].

---

1. Le passage suivant, supprimé dans le manuscrit de Valladolid, montre bien que le premier travail était destiné aux seules religieuses de Saint-Joseph d'Avila : « Il vous faudrait même, si vous ne le saviez pas, demander soigneusement et épeler ces titres d'honneur. Il m'arriva une fois d'avoir à traiter avec un personnage que je devais appeler Monseigneur ; on me fit épeler le mot. Simple comme je le suis, et sans usage, j'oubliai devant lui ma leçon, je dis le premier mot qui me vint, et je le fis rire aux éclats ; j'avais trouvé bon de l'appeler Monsieur et j'avais dit Monsieur. » (Esc.)
2. « Que personne ne vous épouvante avec ces terreurs dont j'ai parlé. Louez Dieu, qui est plus puissant que tous les hommes et qu'on ne saurait vous ravir. Quand une religieuse est incapable de penser à Dieu pendant la prière vocale, qu'elle sache qu'elle ne remplit pas ses obligations. Son devoir est de travailler de toutes ses forces à prier parfaitement, sous peine de négliger ce qu'une épouse doit à un si grand Roi. Suppliez Dieu, mes filles, de m'accorder la grâce de pratiquer ce que je vous conseille : j'en ai un grand besoin. Qu'il me la donne par sa bonté infinie. » (Esc.)

CHAPITRE CINQ

De la constance dans l'oraison.

Il est souverainement important, quand on commence, d'avoir un ferme dessein de persévérer. Que de raisons j'en pourrais donner ! Mais, pour ne pas trop m'étendre, je me contenterai de deux ou trois. Voici la première : quand Dieu est si libéral envers nous, et que nous lui apportons, nous, si peu, - notre pauvre petite application, - quand d'ailleurs nous n'y sommes pas désintéressées, mais que nous en retirons au contraire les plus précieux avantages, il convient que nous ayons une générosité entière et sans retour. N'imitons pas ceux qui prêtent avec l'intention de reprendre ; ce n'est pas là donner. Celui à qui l'on a prêté un objet éprouve toujours quelque ennui, quand on vient le lui réclamer, surtout s'il en a besoin et s'il s'est habitué à regarder cet objet comme sien, ou s'il a lui-même été cent fois généreux envers ce prêteur : dans ce refus de lui laisser entre les mains une chose de rien, même comme un témoignage d'amitié, il ne peut voir qu'une petitesse misérable d'esprit et de coeur. Quelle est l'épouse qui, après avoir reçu de son époux quantité de joyaux très précieux, ne lui donnerait un simple anneau, non pour son prix, puisqu'elle ne possède rien qui ne soit à lui, mais comme une marque qu'elle-même sera toute à lui jusqu'au dernier soupir ? Dieu mérite-t-il donc moins de respect que les hommes, et osera-t-on le traiter avec ce mépris, de lui retirer, à l'instant même, un faible don qu'on lui aura fait ?

Hélas ! nous consumons tant d'heures soit avec nous-mêmes, soit avec d'autres, qui ne nous en savent point de gré ; qu'au moins ce peu de moments que nous consacrons à Dieu, lui soient donnés de bon coeur, et avec un esprit libre de toutes pensées étrangères. Donnons-les lui avec la ferme résolution de ne les reprendre jamais, quelques ennuis, quelques peines, et quelques sécheresses qui nous y arrivent. Considérons ce temps comme une chose qui n'est plus à nous et qu'on pourrait nous redemander en justice, si nous ne voulions pas le donner tout entier à Dieu.

Toutefois, ce n'est pas reprendre ce que nous avons donné que de discontinuer l'oraison un jour, ou même plusieurs, pour des occupations légitimes, ou pour quelque indisposition particulière. Il suffit que notre intention demeure ferme. Mon Dieu n'est pas étroit et ne s'arrête point aux minutes : vous donnez vraiment quelque chose, vous le donnez du reste de bon coeur ; il vous en saura gré. Quant à ceux qui ne sont pas généreux, qui ont la main si serrée qu'ils ne donnent jamais rien, c'est beaucoup qu'ils prêtent : qu'ils fassent enfin quelque chose. Notre-Seigneur met tout en compte et s'accommode à notre volonté. Dans ses comptes avec nous, il ne chicane pas, il est large. Quelle que soit la balance du compte en sa faveur, il n'y regarde pas et nous abandonne tout. S'il nous doit quelque chose, il est si exact qu'il ne vous laissera pas sans récompense, quand vous n'auriez fait que lever les yeux au ciel et penser à lui.

La seconde raison pour laquelle nous devons persévérer dans l'oraison, c'est qu'alors il devient plus difficile au démon de nous tenter. Il craint beaucoup les âmes résolues ; il sait par expérience le dommage qu'elles lui causent ; il sait que tout ce qu'il fait pour leur nuire, tournant à leur profit et à l'avantage des autres, il ne sort qu'avec perte de ce combat. Nous ne devons pas toute fois nous abandonner à la sécurité, ni cesser de nous tenir sur nos gardes. Nous avons affaire à des ennemis perfides. Si, d'un côté, leur lâcheté les empêche d'attaquer ceux qui veillent sur eux-mêmes, de l'autre ils ont un grand avantage sur les négligents. Remarquent-ils de l'inconstance dans une âme, une volonté chancelante de persévérer dans le bien, ils ne cessent de la harceler ni de jour ni de nuit [1], et lui représentant difficultés sur difficultés, ils ne lui laissent pas un moment de repos. J'en parle avec connaissance de cause, parce que je ne l'ai que trop éprouvé ; et j'ajoute qu'on ne peut assez donner d'importance à cet avis.

J'arrive à la troisième raison de notre persévérance. On combat avec plus de courage, quand on s'est dit à soi-même que, quoi qu'il puisse arriver, on ne tournera jamais le dos. Tel un homme qui, dans une bataille, sait que, s'il est vaincu, il n'a pas de grâce à espérer, et que, s'il échappe à la mort, durant le combat, il lui faudra mourir après : il lutte avec plus de curage ; il veut, comme on dit, vendre chèrement sa vie ; il redoute moins les coups de l'ennemi, parce qu'il a cette pensée présente à l'esprit, qu'il ne vivra que s'il est vainqueur. Prenons aussi, dès le commencement de l'oraison, cette confiance absolue, qu'à moins de vouloir nous laisser vaincre, nos efforts seront couronnés du succès, et que, pour petite que soit notre part du butin, nous serons toujours très riches.

Ne craignez point que Notre-Seigneur vous laisse mourir de soif, lui qui nous invite à boire de cette eau. Je vous ai déjà dit cela, mais je ne saurais trop vous le rappeler, tant je désire vous prémunir contre le découragement où tombent les âmes à qui la bonté de Dieu ne s'est encore révélée que par la foi, et non par une connaissance expérimentale. C'est un immense avantage, que d'avoir éprouvé son amitié, et d'avoir senti les délices dont il inonde les âmes dans le chemin de l'oraison, faisant en quelque sorte lui-même tous les frais du voyage. Aussi, je ne m'étonne pas que les personnes qui n'ont point éprouvé ces faveurs, veuillent avoir quelque assurance que Dieu payera leurs sacrifices. Eh bien ! le divin Maître promet, vous le savez, le centuple dès cette vie ; et de plus, il dit : Demandez et vous recevrez. Que si vous n'ajoutez pas foi à ce qu'il affirme lui-même dans son Evangile, c'est en vain que je me romprai la tête à vouloir vous le persuader. Je ne laisse pas néanmoins d'avertir les âmes qui auraient quelque doute, qu'il leur en coûtera peu de tenter l'entreprise ; car elles acquerront bientôt la certitude que, dans ce voyage, nous recevrons plus que nous ne saurions ni demander ni désirer. Je sais que je dis vrai, et je puis produire pour témoins de cette vérité celles d'entre vous, mes filles, à qui Dieu en a donné une connaissance expérimentale.

---

1. « No le dejarà a sol ni a sombra », ils la poursuivront au soleil et à l'ombre.

L'ORAISON: LA PRIÈRE VOCALE

CHAPITRE UN

*Des prières vocales et de l'attention
qu'il y faut joindre.*

Revenons maintenant à ces personnes dont j'ai parlé, qui ne peuvent se recueillir, ni fixer leur esprit, pour la contemplation ou la méditation. Ces deux mots ne reparaîtront pas dans ce chapitre, puisque les choses qu'ils désignent ne vous vont pas ; et en réalité plusieurs personnes sont ainsi faites que ces noms tout seuls les épouvante. Dieu pourrait vraiment conduire dans ce monastère quelqu'une de ces personnes, puisque, je le répète, toutes les âmes ne marchent pas par le même chemin.

Voici donc quelques avis, ou même quelques instructions (ma charge de Mère et de prieure me permet de vous instruire) sur la manière de prier vocalement. Il est juste en effet que vous compreniez ce que vous dites. Je ne parlerai pas des prières qui sont longues et très capables de fatiguer, elles aussi, les âmes dont l'esprit ne peut s'appliquer à Dieu ; mais je parlerai des prières qui sont d'obligation pour tous les chrétiens, le Pater et l'Ave Maria. Il fauta qu'on ne puisse pas nous reprocher de parler sans comprendre ce que nous disons. Peut-être prétendra-t-on qu'il suffit du mouvement des lèvres et d'une récitation de routine : si cela peut suffire ou non, je laisse aux savants de le dire, et ne m'en mêle pas, mais je désire seulement, mes filles, que nous autres, nous ne nous contentions pas de si peu. Quand je récite le Credo, je dois, ce me semble, savoir ce qu je crois ; de même, quand je dis Notre Père, l'amour exige que je sache quel est ce Père, et quel est le Maître qui m'enseigne cette formule de prière. Direz-vous que vous le savez, et qu'il est inutile de vous le rappeler ? Erreur, mes filles. Car il y a maître et maître : si les maîtres qui nous instruisent en ce monde méritent de nous tant de reconnaissance, quand surtout ce sont des hommes de sainte vie et des directeurs spirituels, à Dieu ne plaise que nous oubliions, en récitant cette prière, le Maître divin qui nous l'a enseignée avec tant d'amour, et avec un si ardent désir qu'elle nous fût profitable ! Nous ne pouvons sans doute, à cause de notre faiblesse, penser à lui continuellement, mais que ce soit au moins le plus possible.

La première leçon que Notre-Seigneur nous donne pour bien prier, c'est, vous le savez, de nous retirer en particulier, ainsi qu'il l'a toujours pratiqué lui-même, non qu'il eût besoin de cette retraite, mais pour notre instruction. L'on ne peut, comme je vous l'ai dit, parler en même temps à Dieu et au monde : c'est pourtant ce que font ceux qui, au temps même où ils récitent des prières, écoutent ce qui se dit près d'eux ou arrêtent leur esprit à toutes les pensées qui leur viennent, sans retenue d'aucune sorte. A la vérité, ceci n'est point sans exception : une personne peut être souffrante de l'estomac surtout, ou de la tête, au point que tous ses efforts pour se recueillir soient inutiles. Dieu permet aussi, pour le bien de ceux qui le servent, qu'il y ait des jours de grandes tempêtes, de manière que ni soins ni peines ne peuvent parvenir à les calmer, incapables qu'ils sont soit de penser à ce qu'ils disent, soit de fixer sur un sujet quelconque le vagabondage et les folies de leur esprit.

Le déplaisir qu'ils en ressentiront leur fera connaître qu'il n'y a point de leur faute ; qu'ils s'épargnent donc le tourment, la fatigue de vouloir ramener à la sainte raison leur entendement malade ; ils ne le pourraient pas en ce moment, et ils ne feraient qu'accroître le mal. Qu'ils prient alors comme ils pourront, et même qu'ils ne prient point du tout, donnant ainsi à leur âme infirme un moment de repos. Ce temps doit être employé à d'autres actes de vertu. Telle est, à mon avis, la conduite à tenir par tous ceux qui sont soumis à cette épreuve, s'ils ont à coeur leur salut, et sont pénétrés de cette vérité, qu'on ne peut à la fois parler au monde et à Dieu.

Ce qui dépend de nous, c'est de tâcher d'être dans la solitude, lorsque nous voulons prier, et plaise à la divine bonté que cela suffise pour nous faire comprendre devant qui nous sommes, et ce qu'il répond aux demandes que nous lui adressons. Car pensez-vous qu'il se taise, encore que nous ne l'entendions pas ? Non certes: ais il parle à notre coeur toutes les fois que du fond du coeur nous le prions. Persuadez-vous, mes filles, que c'est pour chacune de nous en particulier que Notre-Seigneur a fait cette prière, qu'il nous l'enseigne lui-même, et qu'un maître, quel qu'il soit, se tient tout près de son élève, et non pas à telle distance qu'il doive crier. Restez ainsi par la pensée auprès du divin Maître, quand vous récitez le Pater, et croyez que c'est un des meilleurs moyens de bien dire cette prière qu'il a daigné nous apprendre.

Vous me répondrez que prier ainsi c'est méditer, et que vous ne pouvez, et par conséquent ne désirez autre chose que faire des prières vocales. Hélas ! Il est des esprits si impatients, si amoureux de leur repos, que n'ayant ni l'habitude du recueillement, au commencement de la prière, ni aucune volonté de s'imposer la moindre contrainte, ils déclarent ne savoir et ne pouvoir faire autre chose que prier vocalement. Eh bien ! je l'avoue, ce que je viens de proposer c'est l'oraison mentale ; mais je déclare en même temps que je ne comprends pas comment on peut s'en dispenser, si l'on veut bien faire la prière vocale, si l'on comprend quel est celui à qui elle s'adresse et si l'on se rappelle qu'il y a obligation de prier avec attention. Plaise à Dieu qu'avec tous ces soins, nous parvenions à bien réciter le Pater et à le dire jusqu'au bout sans distraction ! Le moyen le plus sûr d'y parvenir, j'en ai maintes fois fait l'épreuve, c'est d'arrêter notre esprit, autant qu'il est en nous sur Celui à qui s'adressent les paroles. Soyez pour cela patientes et tâchez d'acquérir une habitude aussi nécessaire.

CHAPITRE DEUX

La prière vocale bien faite mène quelquefois à une oraison supérieure.

Gardez-vous de croire que l'on tire peu de fruit de la prière vocale bien faite. Tandis que vous récitez le Pater, ou toute prière, Dieu peut vous mettre dans une contemplation parfaite. Ainsi ce grand Dieu montre qu'il écoute l'âme qui lui parle, et qu'il lui parle lui-même, suspendant son entendement, arrêtant ses pensées, lui retirant comme on dit la parole des lèvres, en sorte qu'elle n'en peut proférer aucune, sans un pénible effort. Elle connaît que le divin Maître l'instruit, sans bruit de paroles, tenant ses puissances suspendues, parce que leur activité, loin de lui être de quelque secours, ne pourrait alors que lui nuire. Chacune des puissances jouit de son divin objet, mais d'une manière qui lui est incompréhensible. L'âme se sent embrasée d'amour, sans savoir comment elle aime. Elle connaît qu'elle jouit de ce qu'elle aime, tout en ignorant comment elle en jouit. Mais sa jouissance, elle le comprend, dépasse absolument toute la portée du désir naturel. Sa volonté embrasse ce bien sans savoir comment elle l'embrasse ; et, selon le peu qu'il lui est donné de comprendre, elle juge que ce bien est d'un tel prix, que tous les travaux de la terre, réunis ensemble, ne sauraient ni le payer ni le mériter. En effet, c'est un don du Maître du ciel et de la terre, de Celui enfin qui, en donnant, se plaît à donner en Dieu ; et cela, mes filles, c'est la contemplation parfaite.

Vous pouvez connaître maintenant en quoi elle diffère de l'oraison mentale. Celle-ci consiste, comme je l'ai dit, à penser et à comprendre ce que nous disons, ce qu'est Dieu à qui nous parlons, ce que nous sommes, nous qui avons la hardiesse de parler à un si grand Maître, les devoirs que nous impose son service, combien jusqu'à présent nous l'avons mal servi, et autres semblables considérations. Voilà l'oraison mentale : ce lot ne renferme point d'autre mystère, et ne doit point vous effrayer. Réciter le Pater et l'Ave Maria, ou quelque autre prière, c'est faire une prière vocale : mais celle-ci, sans la première, sera une musique peu harmonieuse ; les paroles elles-mêmes n'auront souvent aucun ordre.

Dans ces deux oraisons, nous pouvons quelque chose de nous-mêmes, avec l'assistance de Dieu ; mais dans la contemplation, absolument rien. C'est Dieu qui fait tout, c'est son ouvrage, ouvrage au-dessus de notre nature. Je n'en dis pas davantage sur la contemplation : j'en ai amplement traité, et le mieux qu'il m'a été possible, dans la relation de ma vie, que l'on m'a commandé d'écrire pour être vue de mes confesseurs. Je ne fais qu'y toucher en passant. Celles d'entre vous qui seront assez heureuses pour être élevées par le divin Maître à l'état de contemplation, feront bien de lire cet écrit, si elles peuvent se le procurer : elles y trouveront quelques points de doctrine et quelques avis pour lesquels il a plu à Notre-Seigneur de me donner sa lumière. La lecture vous en sera profitable, et vous consolera beaucoup, je l'espère : du reste, c'est le sentiment de certaines personnes qui ont vu cette relation, et qui l'estiment de quelque utilité ; sans cela, j'aurais honte de vous dire de faire cas de ce qui vient de ma plume, et Notre-Seigneur sait la confusion dont je suis pénétrée, en écrivant la plupart de ces choses. Béni soit-il de la bonté avec laquelle il daigne me souffrir ! Ainsi, je le répète, que celles parmi vous, qui seront élevées à une oraison surnaturelle, tâchent après ma mort de se procurer ce livre. Les autres se contenteront de faire des efforts pour mettre en pratique ce que je dis dans celui-ci. Après cela, qu'elles s'abandonnent à Notre-Seigneur : car c'est lui qui élève à la contemplation ; et il ne vous refusera point cette faveur, si, au lieu de vous arrêter en chemin, vous marchez jusqu'au terme, sans vous lasser jamais.

CHAPITRE TROIS

Manière et moyens de se recueillir.

Revenons à note prière vocale, et apprenons à la faire de manière que Dieu nous élève, s'il veut, au mystère d'une oraison supérieure ; tout consiste, comme je vous l'ai dit, à prier convenablement. Vous savez déjà qu'avant de commencer, vous devez examiner votre conscience, puis dire le Confiteor, et faire le signe de la croix. Efforcez-vous ensuite, mes filles, puisque vous êtes seules, de trouver une compagnie. Mais quelle compagnie préférable à celle du Maître même, qui vous a enseigné la prière que vous allez dire ? Représentez-vous le Seigneur lui-même à côté de vous, et considérez avec quel amour, avec quelle humilité il daigne vous instruire. Croyez-moi, autant que vous le pourrez, demeurez dans la compagnie d'un si excellent ami. Si vous prenez l'habitude de vous tenir en sa présence, et s'il voit que vous le faites pour lui plaire, vous ne pourrez plus, comme on dit, vous en débarrasser. Il ne vous abandonnera jamais, il vous aidera à supporter toutes vos peines ; vous l'aurez enfin partout avec vous. Pensez-vous que ce soit peu de choses d'avoir à ses côtés un tel ami ?

O mes soeurs, vous qui ne pouvez méditer longtemps ni réfléchir tant soit peu sans distraction, prenez, prenez l'habitude que je vous propose. Je sais que vous le pouvez, car pendant plusieurs années j'ai souffert, moi aussi, de ne pouvoir fixer mon esprit sur une vérité, durant le temps de l'oraison. Cette peine est très grande ; mais Notre-Seigneur ne veut pas nous laisser seules, et si nous l'en supplions avec humilité, il nous tiendra compagnie. Si nous n'y arrivons pas en un an, mettons-en deux ou plusieurs, et ne regrettons pas un temps si bien employé. Voilà qui dépend de nous ; oui, il est en notre pouvoir de travailler et de nous accoutumer à vivre près de ce véritable Maître.

Je ne vous demande pas maintenant des méditations sur ce divin Sauveur, ni beaucoup de raisonnements, ni de grandes et subtiles considérations ; portez seulement sur lui vos regards. Oui, arrêtez sur lui les yeux de votre âme, quelques instants au moins, si vous ne pouvez faire plus. Rien ne saurait vous en empêcher. Vous arrêtez bien vos yeux sur des objets de toute laideur, et vous ne pourriez pas le faire sur la beauté la plus accomplie qui se puisse concevoir ! Votre époux, lui, ne détourne pas de vous ses regards. Malgré tant d'indignités et de vilenies dont vous vous êtes rendues coupables envers lui, il n'a cessé, un seul instant, de vous regarder ; et vous croiriez faire un grand effort, si, détournant les yeux des choses extérieures, vous les fixiez quelques moments sur Lui ! Considérez qu'il n'attend, comme il le dit à l'épouse des Cantiques, qu'un regard de nous : il y tient si fort qu'il n'omettra rien pour que vos yeux et les siens se rencontrent, et vous le trouverez comme vous désirez le voir.

Une femme qui veut bien vivre avec son mari doit, dit-on, se plier à son humeur ; s'il est triste, elle doit montrer de la tristesse ; s'il est joyeux, de la joie, quand même elle n'en aurait point dans le coeur. Remarquez, en passant, mes soeurs, de quelle servitude vous vous êtes affranchies. Or Notre-Seigneur tient envers nous, mais en toute vérité et sans ombre de feinte, la même conduite que cette femme envers son mari. Il se fait le sujet, et il veut que vous soyez les maîtresses ; sa volonté se conforme en tout la vôtre. Etes-vous dans la joie, considérez-le ressuscité ; sa seule vue au sortir du sépulcre vous fera tressaillir d'allégresse. Quel éclat ! quelle beauté ! quelle majesté ! quel air de triomphe et de bonheur ! on dirait qu'il vient de la bataille et de la victoire : il a conquis pour vous un royaume qu'il vous destine, et il veut se donner à vous lui-même avec ce royaume. Eh bien ! est-ce beaucoup faire que de jeter quelquefois les yeux sur Celui dont l'amour vous réserve une telle couronne ?

Etes-vous dans les tribulations ou dans la tristesse, suivez-le au jardin de Gethsémani ; considérez dans quelle affliction son âme doit être plongée, pour que lui, la patience même, avoue sa peine et s'en plaigne. Ou bien encore, considérez-le attaché à la colonne, accablé de souffrances, toutes ses chairs en lambeaux, par l'excès de l'amour qu'il vous porte, harcelé des uns, couvert de crachats par les autres, renié et abandonné par ses amis, sans qu'il en revienne un sur ses pas pour le défendre, transi de froid, et réduit enfin à une si grande solitude que vous pouvez vous consoler l'un l'autre. Ou bien, voyez-le chargé de sa croix, si pleins de larmes, il oubliera ses douleurs pour consoler les vôtres, et cela uniquement parce que vous allez vous consoler avec lui, et que vous tournez la tête de son côté pour le regarder.

Votre coeur s'attendrit-il en le voyant dans cet état, et non contentes de le regarder, vous sentez-vous intérieurement pressées de vous entretenir avec lui, faites-le ; mais alors loin de vous tout langage étudié, n'employez que des paroles simples et dictées par votre coeur ; il n'en veut pas d'autres. O Seigneur du monde et véritable Epoux de mon âme, pourrez-vous lui dire, comment vous trouvez-vous réduit à une telle extrémité ? O mon Seigneur, ô mon unique bien, vous ne dédaignez pas la compagnie d'une pauvre créature comme moi ! il me semble lire sur votre visage que vous êtes consolé de me voir près de vous ? Comment se peut-il faire, Seigneur, que les anges vous laissent seul et que même votre Père céleste ne vous console pas ? Puisqu'il en est ainsi, Seigneur, et que vous vous êtes soumis, pour l'amour de moi, à cet excès de souffrances, qu'est ce peu que je souffre, et de quoi puis-je me plaindre ? Confuse de vous avoir vu en ce déplorable état, je suis désormais résolue, Seigneur, à souffrir toutes les tribulations qui pourront m'arriver, et à les regarder comme un grand trésor, afin de vous imiter en quelque chose. Marchons donc ensemble, Seigneur, je veux vous suivre partout où vous irez, je veux passer partout où vous passerez.

Prenez, mes filles, et portez un peu de cette croix du sauveur, et ne vous souciez pas des Juifs qui vont peut-être vous fouler aux pieds. Pour soulager un peu le Sauveur, méprisez les injures des hommes, fermez les oreilles à leurs insolences, à leurs blasphèmes ; vous trébucherez peut-être, vous tomberez avec votre Epoux, mais ne vous séparez point de la croix et ne la laissez jamais. Considérez attentivement la fatigue qu'il éprouve à marcher et l'excès prodigieux de ses souffrances en comparaison des vôtre : vous aurez beau vous les imaginer extrêmes, vous aurez beau vous les rendre sensibles ; elles vous paraîtront un jeu à côté de celles du divin Maître, et cette seule comparaison suffira à vous consoler.

Peut-être demanderez-vous, mes soeurs, comment cela se peut pratiquer ; vous me direz que si vous aviez vécu du temps du Sauveur, et que vous l'eussiez vu de vos propres yeux, vous feriez de grand coeur ce que je vous dis et le tiendriez sans cesse présent à votre regard. Eh bien, non, une âme qui ne veut pas s'imposer maintenant un léger effort pour se recueillir et pour regarder au-dedans d'elle-même cet adorable Sauveur, maintenant, dis-je, qu'elle peut le faire sans péril et qu'il y suffit d'un peu de soin, cette âme ne se serait pas placée comme Madeleine au pied de la croix, à deux doigts de la mort. Oh ! que n'eurent point à souffrir alors la glorieuse Vierge et cette bienheureuse sainte ! Que de menaces ! que d'injures ! que de bousculades et quelle grossièreté de la part de gens qui faisaient certes une cour à Notre-Seigneur, mais une cour d'enfer, car ils étaient les suppôts du démon. Ce qu'elles eurent à souffrir fut certainement terrible ; mais telle était leur compassion pour le Sauveur qu'elle les rendait insensibles à leurs propres souffrances. Ne croyez donc pas, mes soeurs, que vous auriez été capables d'une pareille générosité, si vous n'êtes pas capables de vous vaincre en de petites choses. C'est en vous exerçant à ces actes plus faciles que vous pourrez arriver à de plus difficiles. Un moyen pour garder Notre-Seigneur présent, c'est d'en avoir une image qui soit selon votre goût : ne vous contentez pas de la porter sur vous sans jamais la regarder ; mais ayez-la habituellement sous les yeux, afin que sa vue vous excite à vous entretenir souvent avec votre Epoux. Lui-même mettra dans vos coeurs ce que vous devrez lui dire. Vous n'éprouvez point d'embarras, lorsque vous parlez à d'autres personnes ; pourquoi les mots vous manqueraient-ils, quand vous parlez à Dieu ? Ne craignez point que cela vous arrive ; pour moi, du moins, je le regarde comme impossible, si vous prenez l'habitude de ces colloques avec Notre-Seigneur. Il vous arrivera autrement ce qui arrive quand on cesse d'avoir des rapports avec quelqu'un ; on est gêné avec lui, on ne sait comment lui parler, il semble qu'on ne le connaît pas. Peut-être est-ce un ami ou un parent ; mais ni parenté ni amitié ne résistent à la suppression des rapports réciproques.

Un autre moyen de combattre les distractions et d'arriver à bien faire les prières vocales, c'est de prendre un bon livre en langue vulgaire. Cette lecture vous sera un pieux artifice pour attirer l'âme sans l'effaroucher et l'habituer peu à peu à la prière. Représentez-vous une épouse infidèle qui depuis plusieurs années a quitté son époux, et qu'on ne détermine point à retourner auprès de lui, sans user de beaucoup de précautions et d'adresse. C'est notre image à nous, pauvres pécheurs ; nous avons une âme si habituée à vivre à son goût (il serait plus vrai de dire dégoût) qu'elle ne sait pas ce qu'elle veut. Il faut user de mille artifices pour la déterminer à rentrer dans sa maison et à s'y plaire ; si l'on n'y va pas avec cette adresse, et peu à peu, l'on ne fera jamais rien.

Je vous en donne de nouveau l'assurance, mes filles ; si vous vous appliquez à prendre l'habitude dont je viens de vous parler, le profit que vous en retirerez sera tel que tous mes discours n'arriveraient pas à le faire entendre. Tenez-vous donc auprès de ce bon Maître avec un ardent désir d'apprendre ce qu'il vous enseignera. Il saura faire de vous des disciples dignes de lui, et il ne vous abandonnera point, si vous ne l'abandonnez pas vous-même. Admirez les paroles qui sortent de cette bouche divine ; dès la première, il vous fera connaître l'amour qu'il a pour vous. Or, quel bien n'est-ce pas, et quel plaisir pour un disciple de se voir aimé de son Maître !

COMMENTAIRE DU "NOTRE PÈRE": NOTRE PÈRE QUI ES AUX CIEUX...

CHAPITRE UN

Du grand amour que Notre-Seigneur nous a témoigné dans les premières paroles du Pater noster. - Les religieuses qui veulent avoir Dieu pour père ne feront aucun cas des avantages de la naissance.

Notre Père qui êtes dans les cieux. O mon Seigneur, qu'il paraît bien que vous êtes le Père d'un tel Fils ; et comme votre Fils fait bien connaître qu'il est le Fils d'un tel Père ! Soyez éternellement béni ! Cette grâce de vous appeler notre Père semblait devoir mieux convenir à la fin de la prière ; en nous la donnant dès les premiers mots, vous nous remplissez les mains, vous nous comblez de vos dons, au point que votre esprit devrait, lui aussi, se remplir de cette pensée, le coeur se remplir de ce sentiment, sans qu'une autre parole nous fût possible. O mes filles, comme la contemplation parfaite serait ici à sa place ! Comme l'âme aurait ici raison de rentrer en soi pour mieux s'élever au-dessus d'elle-même, afin d'apprendre de ce Fils adorable quel est ce lieu, où il nous dit qu'habite son Père, qui est dans les cieux ! Quittons la terre, mes filles, et après avoir compris l'excellence de cette faveur, sachons l'estimer assez pour ne plus demeurer sur la terre.

O Fils de Dieu et mon Maître, comment, dès la première parole, nous donnez-vous tant de biens à la fois ? Déjà vous portez l'excès de votre humilité jusqu'à vous unir à nous dans nos demandes, jusqu'à vouloir être le frère de créatures si basses et si misérables ; comment nous faites-vous, au nom de votre Père, un don qui contient tous les dons ? Eh ! oui : vous voulez qu'il nous reconnaisse pour ses enfants, et votre parole ne peut être sans effet ; vous l'obligez donc à l'accomplir. La charge certes n'est pas petite. Car étant notre Père, il faut qu'il nous supporte et nous reçoive, quelles que soient nos offenses, si nous revenons à lui comme le prodigue ; il faut qu'il nous pardonne, qu'il nous console, qu'il nous entretienne, parce qu'il est notre Père et le plus parfait des pères et parfait en sa paternité, comme en toutes les perfections ; il doit enfin nous donner une part avec vous à tous ses biens et nous faire vos cohéritiers. Remarquez, mon bon Maître, que vous, personnellement, vous pouvez bien par amour pour nous et par humilité, négliger vos intérêts ; car enfin, habitant de la terre et revêtu comme nous d'une chair terrestre, vous avez, je le conçois, quelque raison de vouloir notre bien. Mais considérez, d'un autre côté, que votre Père est dans le ciel ; c'est vous-même qui le dites, et il est juste que vous preniez soin de son honneur. N'est-ce pas assez que vous ayez bien voulu être déshonoré pour l'amour de nous ? Laissez du moins votre Père libre, et ne l'obligez pas à tant de faveurs envers des créatures si chétives et aussi peu reconnaissantes que nous. O bon Jésus, comme il est clair maintenant que vous n'êtes qu'un avec votre Père, que votre volonté est la sienne, et la sienne la vôtre ! Quelle démonstration éclatante de l'amour excessif que vous nous portez ?

Vous avez caché avec soin au démon que vous étiez le Fils de Dieu ; mais pour notre plus grand bien, vous avez écarté toute autre considération, et vous nous avez révélé cette merveille de grâce ; quel autre que vous nous en eût donné la révélation ? Comment le démon, à ce simple mot de vous, n'a-t-il pas compris, et sans doute possible, qui vous étiez ? Je ne le vois vraiment point ; mais ce que je vois bien, c'est que vous avez parlé à la fois pour vous et pour nous, comme un fils qui est l'amour et les délices de son père, et que votre puissance étant infinie, ce que vous dites sur la terre doit s'accomplir au ciel. Soyez donc à jamais béni, mon tendre Maître, vous dont le bonheur est de donner, et dont rien n'arrête la munificence !

Que vous en semble, mes filles ? Trouvez-vous que ce soit un bon Maître, celui qui, voulant gagner notre affection pour nous rendre capables d'écouter ses leçons avec fruit, commence par nous accorder une si éminente faveur ! Je vous le demande, alors même que nous prononçons vocalement cette parole Notre Père, convient-il que nous la proférions seulement des lèvres, sans une intelligence et une considération de l'esprit, qui fassent éclater notre coeur à la vue d'un tel amour ? Est-il un enfant au monde, qui ne cherchât à connaître son père, s'il le savait homme de toute bonté, de toute majesté et de toute puissance ? Peut-être, si ces qualités manquaient à leur père, des fils refuseraient-ils de le reconnaître, je n'en serais pas étonnée, car ainsi va le monde : un fils, dans une condition plus relevée que celle de son père, se croirait déshonoré de passer pour son fils. Cet abus n'existe pas chez nous ; plaise à Dieu que l'on n'ait jamais en cette maison la moindre pensée qui en approche : ce serait l'enfer. Mais que celle dont la naissance est plus haute parle précisément de son père moins que les autres ; il doit y avoir entre nous une parfaite égalité.

O collège des apôtres ! saint Pierre, qui n'était qu'un pêcheur, y a plus d'autorité que saint Barthélemy qui était fils de roi. Et Notre-Seigneur le voulut ainsi, parce qu'il savait quelles seraient les discussions des hommes sur la noblesse de l'origine: autant vaut débattre si la terre qui sert à faire des briques est supérieure à celle qui sert à faire du torchis. En vérité, la belle question que celle-là ! Dieu nous garde, mes soeurs, de contester jamais sur des sujets si frivoles, ne fût-ce qu'en riant. J'espère que la divine Majesté nous accordera cette grâce. Que si quelqu'une d'entre vous laissait percer quelque chose de cette vanité, qu'on se hâte d'y porter remède. Que cette religieuse craigne d'être comme un Judas parmi les apôtres ; et qu'on lui donne des pénitences, jusqu'à ce qu'elle comprenne qu'elle ne méritait pas d'exister, même au dernier rang des créatures.

O mes filles, que vous avez un bon Père dans celui que vous donne le bon Jésus ! qu'il soit le seul que vous nommiez dans ce monastère ! Efforcez-vous de vivre si saintement, que vous méritiez de trouver vos délices auprès de lui, et de vous jeter dans ses bras. Vous savez bien que si vous êtes de bonnes filles, ce Père infiniment bon ne nous rejettera pas. Qui ne serait prêt à tout pour ne point perdre un tel Père ? Oh ! que vous avez là de grands sujets de consolations ! Mais pour ne pas m'étendre davantage, je vous les laisse à méditer.

Malgré la mobilité de votre imagination, placez-vous entre un tel Fils et un tel Père ; vous y trouverez nécessairement avec eux le Saint-Esprit qui enflammera votre coeur, et qui saura le tenir enchaîné par les puissants liens de l'amour, si la vue d'un si grand intérêt ne suffisait point à le faire.

CHAPITRE DEUX

Nature de l'oraison de recueillement. - Quelques moyens pour en contracter l'habitude.

Considérons maintenant les paroles suivantes de votre Maître : Qui êtes dans les cieux. Peut-être pensez-vous qu'il importe peu de savoir ce que c'est que le ciel et où il faut aller chercher votre Père très saint ? Il est au contraire de la plus haute importance, pour les esprits distraits, non seulement de croire la vérité refermée dans ces paroles, mais encore de ne rien négliger pour en avoir une connaissance expérimentale ; car c'est une des considérations les plus propres à enchaîner l'entendement et à recueillir l'âme.

Vous savez déjà que Dieu est en tout lieu : mais où est le roi, dit-on, là est la cour ; donc où est Dieu, là est le ciel. Vous pouvez admettre comme une vérité hors de doute, que là où se trouve sa divine Majesté, là se rencontre aussi toute sa gloire.

Saint Augustin nous dit qu'après avoir longtemps cherché Dieu en beaucoup d'endroits il le trouva enfin au-dedans de lui-même. Eh bien, pensez-vous qu'il serve peu à une âme distraite de comprendre cette vérité et de savoir qu'elle n'a pas besoin d'aller au ciel pour parler à son Père éternel et prendre avec lui ses délices ? Aucun besoin d'élever la voix pour lui parler ; si bas qu'elle parle, il entendra. Aucun besoin d'ailes pour aller à sa recherche ; qu'elle se mette en solitude, qu'elle regarde en elle-même, et qu'elle ne s'étonne pas d'y rencontrer un hôte si bon ; mais qu'elle lui parle comme à un père, qu'elle lui expose comme à un père tous ses besoins, lui raconte ses peines et le supplie d'y porter remède, avec une confiance qui n'exclue pas le sentiment de son indignité.

Gardez-vous de ces réserves excessives, qu'on voit en certaines personnes, et qu'elles prennent pour de l'humilité. Si le roi vous accordait quelque faveur, l'humilité consisterait-elle à l'accueillir par un refus ? non certes, mais à l'accepter, à vous en reconnaître indignes, et puis à en jouir. Et lorsque le Souverain Maître du ciel et de la terre honore mon âme de sa visite, qu'il vient pour me combler de ses grâces et se réjouir avec moi, ce serait me montrer humble que de ne vouloir ni lui répondre, ni lui tenir compagnie, ni accepter ses dons, mais de le laisser là tout seul ? Et quand il me convie, me presse de lui demander ce dont j'ai besoin, ce serait faire preuve d'humilité que de rester dans mon indigence, et de le forcer ainsi à s'éloigner de moi pour n'avoir pu vaincre ma réserve ? En vérité, la plaisante humilité que celle-là !

Non, mes filles, pas d'humilité de ce genre. Voyez dans Jésus-Christ un père, un frère, un maître, un époux et traitez avec lui selon ces diverses qualités ; lui-même vous apprendra quelle est celle qui lui plaît davantage, et qu'il vous convient de choisir. Ne soyez pas si simples alors que de n'en pas faire usage ; rappelez-lui sa parole, qu'il est votre époux, et demandez-lui qu'il vous traite comme ses épouses.

Cette manière de prier, quoique vocale[1], a l'avantage de recueillir l'esprit très vite, et c'est une oraison qui procure à l'âme des avantages précieux. On l'appelle oraison de recueillement, parce que l'âme y recueille toutes ses puissances, et rentre au-dedans d'elle-même avec son Dieu. Là, le divin Maître l'instruit et lui accorde, plus promptement, par ce moyen que par tout autre, l'oraison de quiétude. Dans ce recueillement intime, en effet, elle peut penser à la passion du Sauveur, se le représenter lui-même comme présent, et l'offrir à son Père, sans faire le moindre effort d'esprit pour aller le chercher au calvaire, au jardin ou à la colonne.

Celles qui pourront ainsi s'enfermer dans ce petit ciel de leur âme, où habite Celui qui a créé le ciel et la terre, qui s'accoutumeront à ne rien regarder au dehors, et à prier dans un endroit où rien ne puisse distraire leurs sens extérieurs, doivent croire qu'elles marchent dans un excellent chemin, et qu'elles ne tarderont pas à s'abreuver à la fontaine de vie. Elles avancent beaucoup en peu de temps. Ainsi des hommes qui ont pris la mer : si peu que le vent les favorise, ils arrivent en quelques jours au terme d'un voyage, qui eût été bien plus long par terre.

Ces âmes, dis-je, sont en mer ; non pas qu'elles aient quitté tout à fait la terre ; mais durant quelques instants, elles font tous leurs efforts pour s'en détacher, par le recueillement intérieur de leurs sens.

Le véritable recueillement a des caractères qui le font facilement reconnaître. Il opère un certain effet que je ne saurais donner à entendre, mais qui est bien compris de celui qui l'a éprouvé. On dirait un joueur qui se lève de table avec tous les atouts en main ; ainsi l'âme qui voit que les choses de ce monde sont un jeu, quitte la partie au bon moment. On dirait un guerrier qui se retire dans une forteresse pour se mettre à couvert des attaques de l'ennemi ; ainsi l'âme appelle au-dedans d'elle-même tous ses sens, et les détache des objets extérieurs, avec un tel empire, que les yeux du corps se ferment d'eux-mêmes aux choses visibles, afin que ceux de l'âme acquièrent un regard plus pénétrant.

Aussi ceux qui marchent dans cette voie ont-ils presque toujours les yeux fermés, lorsqu'ils sont en oraison : ce qui est une coutume excellente et qui a le mérite, entre autres, d'être un effort de la volonté pour ne pas regarder les choses d'ici-bas. Cet effort, il est vrai, n'est à faire que dans les commencements ; car ensuite il en coûterait plus de tenir les yeux ouverts que fermés. L'âme ainsi recueillie se fortifie aux dépens du corps, et acquiert, en l'affaiblissant, une vigueur nouvelle pour le combattre.

Le recueillement, il est vrai, a divers degrés ; aussi dans le principe ces grands effets ne sont pas sensibles, parce qu'il n'est pas alors aussi profond. Mais supportez la peine que vous éprouverez d'abord à vous recueillir, méprisez les cris de la nature, domptez les résistances de ce corps, ami d'une liberté qui tournerait à sa ruine, sachez vous vaincre, persévérez ainsi quelque temps, et vous verrez clairement les avantages que vous en retirerez. Dès que vous vous mettrez en prière, vous sentirez aussitôt vos sens se recueillir ; on dirait les abeilles qui rentrent dans la ruche, et s'y enferment pour travailler à faire le miel. Cela aura lieu sans qu'il vous en coûte ni effort ni sollicitude. Dieu récompense ainsi la violence que votre âme s'est faite pendant quelque temps ; et il lui donne un tel empire sur ses sens que c'est assez d'un signe, quand elle veut se recueillir, pour qu'ils obéissent et se recueillent avec elle. Il leur arrive sans doute de sortir encore ; mais c'est beaucoup qu'ils se soient soumis une fois pour qu'ils ne soient plus que comme des esclaves et des sujets, et ne fassent pas le mal qu'ils auraient pu faire autrefois. Au premier appel de la volonté, ils reviennent de plus en plus vite. Enfin, après des exercices et des exercices de ce genre, Dieu fait qu'ils se tiennent absolument en repos, et dans la contemplation parfaite.

Appliquez-vous à bien entendre ce que je viens de dire ; cela peut vous paraître obscur ; mais pratiquez-le, vous le comprendrez certainement. Aller ainsi, je l'ai dit plus haut, c'est prendre la mer et supprimer les lenteurs du voyage ; mais puisque nous avons tant d'intérêt à gagner du temps, voyons les moyens d'acquérir un peu de célérité.

Ceux qui pratiquent l'oraison de recueillement sont plus à l'abri des occasions dangereuses. De plus, le feu de l'amour divin s'attache plus promptement à leur âme ; ils sont si près de ce feu, qu'il suffit du souffle de la plus petite considération pour exciter sa flamme, et de la plus petite étincelle pour tout embraser. Dégagée de toutes les choses extérieures et seule avec Dieu, l'âme est admirablement disposée à prendre feu et à brûler.

Imaginez qu'il y a au-dedans de nous un palais magnifique, tout d'or et de pierres précieuses, digne en un mot du grand monarque qui l'habite, et songez, ce qui est vrai, que vous concourez à lui donner cette magnificence. Il n'y a pas en effet de plus bel édifice qu'une âme pure et remplie de vertus ; plus les vertus sont grandes, plus sont brillantes les pierres précieuses. Enfin imaginez-vous que le Roi des rois est dans ce palais, que, dans sa bonté infinie, il veut être votre père, qu'il est assis sur un trône de très grand prix, et que ce trône est votre coeur.

Vous trouverez étrange d'abord ce palais que j'imagine, pour me faire comprendre de vous ; mais cette imagination pourra néanmoins vous être d'une grande utilité : nous autres, femmes, qui sommes étrangères à la science, nous avons besoin de tous ces secours, pour comprendre cette vérité, qu'il y a en nous quelque chose d'un prix incomparablement plus grand que ce qui frappe au-dehors les regards. Ne pensez donc pas qu'il n'y ait rien au-dedans de nous. Ah ! plût à Dieu qu'il n'y eût que les femmes à négliger cette doctrine ! Si l'on avait soin de se rappeler que l'on possède dans son âme un hôte d'une telle majesté, on ne pourrait pas, j'en suis sûre, se livrer, comme on fait, aux choses de la terre, parce qu'on verrait combien elles sont abjectes auprès de celles que nous possédons en nous-mêmes. Eh ! les animaux n'en font pas davantage, quand la seule vue d'une proie leur agrée, les précipite pour la saisir et s'en rassasier. N'y a-t-il donc pas de différence entre les animaux et nous ?

Quelques-uns se moqueront peut-être de moi, et diront qu'il n'y a rien de plus évident ; ils auront raison ; mais il n'en est pas moins vrai que ce fut obscur pour moi durant quelque temps. Je comprenais bien que j'avais une âme ; mais, hélas ! mettant moi-même comme un bandeau sur mes yeux par mon attachement aux vanités de la vie, je ne comprenais ni la dignité de cette âme, ni l'honneur que Dieu lui faisait d'être au milieu d'elle. Car si j'eusse connu alors, comme maintenant, qu'un si grand Roi habitait dans ce petit palais de mon âme, il me semble que je ne l'aurais pas si souvent laissé tout seul, que quelquefois au moins je serais demeurée avec lui, et que j'aurais pris plus de soin de conserver mon âme pure.

Y a-t-il rien de si digne d'admiration que de voir Celui qui remplirait de sa grandeur mille et mille mondes, se renfermer dans un aussi petit espace [2] ! Tout s'explique, à la vérité, par sa puissance, qui lui donne toute liberté et par son amour, qui le fait se proportionner à nous.

Quand une âme commence, il ne se manifeste pas d'abord à elle, de peur qu'elle ne se trouble à l'aspect de tant de grandeur, qui vient s'unir à son néant ; mais peu à peu il l'élargit, il la rend capable de contenir les dons qu'il lui réserve. Et c'est ce que j'ai appelé sa liberté absolue que ce pouvoir sans mesure d'agrandir le palais de notre âme. Le point essentiel pour nous, c'est de lui offrir ce palais d'une manière irrévocable, et de le débarrasser de tout, pour que Dieu en dispose à son gré, comme d'une chose bien à lui. Puisqu'il n'y a rien de plus raisonnable, pourrions-nous le refuser à Dieu ? Il ne veut point forcer notre volonté ; il reçoit ce qu'elle lui donne ; mais il ne se donne entièrement à nous que lorsque nous nous donnons entièrement à lui. Cela est certain, et si important que je ne saurais trop le répéter. Ce Roi de gloire n'agit pleinement dans notre âme que s'il la voit libre de tout, et toute à lui. Et pourrait-il, étant souverainement ami de l'ordre, en user autrement ? Si nous encombrons ce palais de gens de basse condition et de bagatelles, comment pourrait-il venir s'y loger avec sa cour ? N'est-ce pas déjà beaucoup qu'il demeure quelques moments au milieu de tant d'embarras.

Pensez-vous, mes filles, que Dieu vienne seul ? N'entendez-vous pas son Fils lui dire : « Qui êtes dans les cieux ? Ceux qui composent la cour d'un tel monarque, n'ont garde de le laisser seul, ils l'accompagnent toujours et le prient sans cesse pour nous, parce qu'ils sont pleins de charité. Combien différents des hommes du monde qui ne savent pas voir un prince ou un supérieur honorer quelqu'un, sans lui porter envie ou le haïr, quelles que soient les raisons ou les sentiments du prince, quelle que soit l'innocence du pauvre favori !

---

1. « Et c'est là un art de la prière vocale. » (Esc ;)
2. « Ainsi voulut-il se renfermer dans le sein de sa bienheureuse mère. » (Esc.)

CHAPITRE TROIS

Autres moyens d'obtenir l'oraison de recueillement.

Pour l'amour de Dieu, mes filles, bannissez de votre âme toute sollicitude au sujet des faveurs humaines. Que chacune de vous s'efforce de faire ce qu'elle doit. Si le supérieur ne lui en témoigne point de gré, elle peut être sûre que le divin Maître le fera. Eh ! sommes-nous donc venues ici pour nous assurer des récompenses temporelles ? Tenez donc votre esprit sans cesse élevé vers les biens éternels, et ne faites aucun cas de ceux de la terre, qui souvent durent moins encore que notre vie. Aujourd'hui le supérieur est satisfait d'une de vos soeurs ; demain il le sera davantage de vous, s'il reconnaît en vous plus de vertu : mais quand cela n'arriverait pas, peu importe. Ne vous arrêtez point à ces sortes de pensées qui sont peu de chose d'abord, et peuvent ensuite vous inquiéter beaucoup. Repoussez-les au contraire sur-le-champ, en vous disant que votre royaume n'est pas de ce monde, et que tout y passe bien vite.

Mais ce moyen est vulgaire et ne marque pas une grande perfection. Le meilleur pour vous est que vous demeuriez dans la défaveur et l'abaissement, que l'épreuve se prolonge, et que vous en soyez bien aises pour l'amour de Notre-Seigneur qui est avec vous. Regardez au-dedans de vous-même, comme je l'ai dit plus haut, vous y trouverez votre Maître qui ne vous manquera pas, lui, et qui vous donnera des consolations d'autant plus grandes, que vous en aurez moins d'extérieures. Car il est fort compatissant, et il ne manque jamais aux personnes qui sont dans la peine et dans la disgrâce, quand elles mettent leur confiance en lui seul. C'est ce qui a fait dire à David que le Seigneur est avec les affligés. Ou vous le croyez, ou vous ne le croyez point ; si vous le croyez, de quoi vous tourmentez-vous ?

O mon Seigneur, si nous vous connaissions véritablement, rien ne serait capable de nous donner de la peine, puisque vous êtes si libéral envers ceux qui mettent en vous toute leur confiance. Croyez-moi, chères amies, il importe extrêmement de bien comprendre combien cela est vrai ; cette lumière vous découvrira aussitôt quel est le mensonge de la faveur humaine, quand, si peu que ce soit, elle détourne l'âme de cette vie tout intérieure. O mes filles, qui nous donnera donc cette intelligence ? Certes, ce ne sera pas moi ; je devrais l'avoir plus que personne ; mais je ne l'ai pas, tant s'en faut, autant qu'il le faudrait.

J'ai dit plus haut que tous les saints du ciel font cortège au Saint des saints, lorsqu'il est dans notre coeur. Bien que je ne sache point l'expliquer, c'est un fait que cette sainte compagnie n'empêche pas la solitude de l'âme avec son Epoux, lorsque cette âme veut entrer avec Dieu dans ce paradis, qui est au-dedans d'elle-même, et fermer la porte derrière elle à toutes les choses du monde. Je dis lorsqu'elle veut, parce que vous devez savoir, mes filles, que ce n'est pas une chose extraordinaire[1], mais qu'elle dépend de notre volonté, et qu'ainsi nous le pouvons avec cette assistance ordinaire de Dieu, qui nous est nécessaire pour poser un acte quelconque et même pour avoir une bonne pensée. Car il ne s'agit pas ici du silence des facultés, mais d'une simple retraite de ces puissances au fond de l'âme. Il y a divers moyens d'y parvenir, et ces moyens se trouvent indiqués dans plusieurs livres. Il y est dit qu'il faut retirer notre esprit de toutes les choses extérieures, pour nous approcher intérieurement de Dieu ; que, même dans nos occupations, nous devons nous retirer au-dedans de nous, quand ce ne serait que pour un moment ; que ce seul souvenir d'un Dieu qui nous tient intérieurement compagnie, nous est d'un grand avantage ; enfin, que nous devons peu à peu nous habituer à nous entretenir avec lui doucement, sans élever la voix, parce qu'il nous fera sentir comment il est présent dans notre âme.

De cette manière, nous prierons vocalement dans un grand repos, et nous nous épargnerons beaucoup de peine. Le divin Maître, après quelque temps d'efforts pour nous tenir auprès de lui, nous entendra par signes ; et au lieu qu'auparavant il nous eût fallu réciter plusieurs fois le Pater, il entendra, dès la première fois, ce que nous voudrons lui dire. Il prend un extrême plaisir à nous épargner la fatigue ; et quand, dans le cours d'une heure, nous ne dirions qu'une fois cette divine prière, c'est assez, pourvu que nous nous tenions en sa présence, que nous comprenions ce que nous lui demandons, la joie qu'il a de nous l'accorder, et le bonheur qu'il a d'être avec nous. Il ne se soucie nullement que nous nous rompions la tête à lui faire de longs discours. Je le supplie de vouloir enseigner cette manière de prier à celles d'entre vous qui l'ignorent. Pour moi, je confesse n'avoir jamais su ce que c'était que de prier avec satisfaction, jusqu'à ce qu'il m'eût lui-même appris cette méthode. Et j'ai toujours trouvé tant de profit à me recueillir ainsi au-dedans de moi-même, que je n'ai pu m'empêcher de traiter ce sujet avec quelque étendue.

Pour conclure donc, quelqu'un désire-t-il acquérir cette habitude de recueillement, car c'en est une qui dépend de nous, et travailler sans relâche à se rendre peu à peu maître de soi-même, en rappelant ses sens au-dedans de lui ? qu'il ne se gaspille pas inutilement, mais qu'il se garde et s'emploie pour son propre bien, en utilisant les sens eux-mêmes pour l'avantage de la vie intérieure. S'il parle, il tâchera de se souvenir qu'il a dans le fond de son coeur à qui parler ; si on lui parle, il n'oubliera pas qu'il doit écouter intérieurement Celui qui lui parle de plus près. Il considérera enfin qu'il peut, s'il le veut, vivre continuellement en cette divine compagnie ; et s'il lui arrive de laisser longtemps seul ce Père céleste, du secours duquel il a tant besoin, il en ressentira de la peine.

Que cet exercice, s'il se peut, se fasse plusieurs fois le jour, sinon qu'il se fasse au moins quelquefois. L'âme s'y accoutumera et en retirera tôt ou tard un grand profit. Quand, avec la grâce de Dieu, l'habitude en sera prise, elle ne voudra pas l'échanger contre tous les trésors de la terre. Au nom de Dieu, mes filles, puisque rien ne s'acquiert sans peine, ne plaignez pas le temps et l'application que vous y emploierez ; je vous assure qu'avec l'assistance de Notre-Seigneur, vous en viendrez à bout dans un an, et peut-être dans six mois. Voyez combien ce travail est peu considérable, en comparaison du profit que vous retirez : vous jetez un fondement solide pour tout ce qu'il plaira au divin Maître d'opérer dans votre âme ; s'il entre dans ses desseins de vous élever à de grandes choses, il vous y trouvera disposées, par cela même que vous vous tenez si près de lui. Plaise à sa

Majesté de ne point permettre que nous nous éloignions de sa présence ! Amen.

----

1. La sainte emploie le mot sobrenatural (surnaturelle) ; mais de ses explications ici, comme en d'autres endroits, il résulte que c'est extraordinaire qu'elle veut dire.

COMMENTAIRE DU "NOTRE PÈRE": QUE TON NOM SOIT SANCTIFIÉ...

CHAPITRE UN

De ces paroles du Pater : Que ton nom soit sanctifié, que ton règne vienne. Leur application à l'oraison de quiétude qui commence d'être expliquée.

Est-il quelqu'un, si considéré soit-il, qui ayant une faveur à demander à un grand personnage, ne songe d'abord à la manière de la demander, sans blesser ni déplaire, puis à l'objet de sa demande et au besoin qu'il en a, surtout si la faveur est précise comme celle de la prière que notre bon Jésus nous enseigne ? Nous ne saurions trop nous pénétrer de cette vérité.

Une seule parole, ô mon divin Maître, ne pouvait-elle pas résumer votre prière ? Ne suffisait-il pas de dire : Donnez-nous, mon Père, ce qui nous convient ? Et il ne semble pas en effet qu'il fût nécessaire d'en dire davantage à Celui qui comprend si parfaitement toutes choses. O sagesse éternelle ! il est vrai, c'était assez entre votre Père et vous ; ainsi était conçue la prière que vous lui adressiez au jardin de Gethsémani, lui exprimant d'abord votre désir, votre crainte, puis vous soumettant aussitôt à sa divine volonté.

Mais vous nous connaissiez, ô mon tendre Maître, vous saviez que nous étions loin d'être aussi soumis que vous à la volonté de notre Père, et que par conséquent il était nécessaire de préciser nos demandes.

Pourquoi ? Pour que nous puissions y réfléchir et les présenter, si elles nous conviennent, les omettre, si elles ne nous conviennent pas. Nous sommes ainsi faits et ainsi libres que, si nos désirs sont contrariés, nous refuserons même les faveurs de Dieu ; nous ne nions pas qu'elles ne soient meilleures que nos désirs ; mais nous ne voulons nous croire riches que si nous nous voyons l'argent dans la main.

O mon Dieu ! d'où peut venir ce sommeil de notre foi sur la certitude des peines ou des récompenses qui nous attendent ? Avisez-y, mes filles, et appliquez-vous à comprendre ce que vous demandez dans l'oraison dominicale ; afin que si votre Père céleste vous l'accorde, vous ne soyez pas assez insensées pour le refuser. Considérez cependant si l'objet de la demande vous convient, parce que s'il ne vous convient pas, vous ne devez pas le demander ; vous devez seulement prier sa divine Majesté de vous donner la lumière, attendu que nous sommes aveugles, et tellement dégoûtés de ce qui peut nous donner la vie, que nous n'aimons que ce qui peut nous donner la mort, et une mort d'autant plus effroyable qu'elle est éternelle.

Voici donc les paroles que le bon Jésus nous ordonne de dire pour obtenir l'avènement en nous d'un règne aussi désirable que le sien : Que votre nom soit sanctifié et Que votre règne arrive en nous[1]. Admirons, mes filles, la sagesse infinie de notre Maître, et considérons et comprenons quel est ce règne de notre prière. Notre-Seigneur connaissait bien notre extrême impuissance ; il voyait à quel point nous étions incapables de le sanctifier, de louer, d'exalter, de glorifier dignement le nom adorable de son Père, si ce grand Dieu n'y pourvoyait, en nous donnant dès ici-bas son royaume, et voilà pourquoi il a mis ces deux demandes à la suite l'une de l'autre.

Vous dirai-je maintenant ce qu'il est, selon moi, cet objet de notre demande, afin de vous faire mieux comprendre combien il vous importe d'insister pour l'obtenir, et de contenter à tout prix Celui qui doit nous le donner ? Oui, je vous le dirai, vous laissant libres toutefois d'entrer dans d'autres considérations. Car le divin Maître vous laisse cette liberté, pourvu qu'en tout vous vous soumettiez à ce qu'enseigne l'Eglise, ainsi que je le fais moi-même en ce moment.

Voici donc ma pensée : au milieu de tant de joies dont l'âme s'enivre dans le royaume du ciel, le bonheur qui pour elle surpasse tous les autres, c'est que n'y tenant plus aucun compte des choses de la terre, elle trouve, au plus intime d'elle-même, le repos et la gloire, elle est heureuse que tous soient heureux autour d'elle ; elle goûte une paix inaltérable, elle jouit de voir que tous les saints sanctifient, exaltent et bénissent le nom de Dieu, qu'il jamais ils ne l'offensent, mais qu'ils l'aiment tous et que l'âme elle-même ne pense qu'à l'aimer ; elle ne peut cesser un instant de l'aimer, parce qu'elle le connaît parfaitement. Ainsi l'aimerions-nous, même ici-bas, si nous le connaissions : non pas sans doute avec cette perfection et cette continuité, mais bien autrement que nous ne faisons.

Ne semblerait-il pas, à mon langage, que pour bien faire cette demande et pour bien prier vocalement, nous devons être des anges ? Certes, notre divin Maître le voudrait bien, puisqu'il nous ordonne de faire une demande si élevée, et qu'assurément il ne nous oblige point à demander des choses impossibles. Dès cet exil, une âme peut donc, avec l'assistance de Dieu, parvenir à aimer comme on aime dans le ciel, bien que son amour soit loin d'être aussi parfait qu'il le sera, quand elle se verra affranchie de la prison de ce corps. Ici-bas, nous sommes encore sur mer, et nous poursuivons notre voyage ; mais il est des intervalles de repos, pendant lesquels Notre-Seigneur accorde aux âmes, fatiguées de la route, un calme des puissances et une quiétude intérieure, qui sont comme une claire vue et un avant-goût de la félicité des bienheureux. Il a entendu la demande de ces âmes et il leur donne, dès ici-bas, de tels gages de son amour qu'elles espèrent boire fermement pour l'éternité à la source des délices, dont elles n'ont à présent que quelques gouttes de loin en loin.

Si vous ne deviez pas me dire que je traite de la contemplation, cette demande du Pater me fournirait ici une occasion bien naturelle de vous exposer quelque chose du commencement de cette pure contemplation, appelé, par ceux qui en sont favorisés, oraison de quiétude. Mais comme j'ai dit que mon dessein était de traiter de la prière vocale, ceux qui n'en ont pas l'expérience pourront croire que ces deux oraisons ne vont pas ensemble. Je sais, moi, le contraire, et, si vous le permettez, je veux le déclarer ici : car, comme je vous l'ai dit plus haut, je connais plusieurs personnes que Dieu fait passer de ce simple exercice de la prière vocale, tel que je vous l'ai présenté, à une sublime contemplation, sans qu'elles comprennent comment cela se produit.

Je connais une personne qui n'a jamais pu prier que vocalement et qui, ce faisant, avait tout le reste, mais sans la prière vocale, elle tombait en des égarements d'esprit insupportables. Plût à Dieu que nos oraisons mentales valussent sa prière vocale ! Elle récitait un certain nombre de Pater, en l'honneur des mystères où Notre-Seigneur a répandu son sang, elle y ajoutait quelques autres prières, mais peu, et s'occupait ainsi plusieurs heures.

Elle vint me trouver, un jour, fort affligée de ce que, ne pouvant faire l'oraison mentale, ni s'appliquer à la contemplation, elle se trouvait réduite à quelques prières vocales. Je lui demandai quelles prières elle récitait ; je vis alors qu'en disant simplement le Pater, elle entrait en pure contemplation, et que Notre-Seigneur l'élevait jusqu'à l'union divine. Et certes il paraissait bien à ses oeuvres qu'elle devait recevoir des faveurs éminentes ; car elle vivait fort saintement. Ainsi je louai Notre-Seigneur, et je portai envie à une telle oraison vocale. De cet exemple que je garantis, concluez, vous qui êtes ennemis des contemplatifs, que vous n'êtes pas assurés de ne pas le devenir, si vous récitez vos prières vocales avec l'attention et la pureté de conscience que vous devez.

---

1. Sainte Thérèse dit : que votre règne arrive en nous.

CHAPITRE DEUX

Nature de l'oraison de quiétude.

Je veux donc, mes filles, vous expliquer, malgré tout, ce que c'est que l'oraison de quiétude ; j'en parlerai d'après ce que j'en ai ouï dire, ou d'après ce qu'il a plu à Notre-Seigneur de m'en faire connaître, afin sans doute que je vous en instruise. C'est, ce me semble, dans cette oraison, que Dieu nous donne le premier signe qu'il exauce notre demande, et qu'il va, dès ce monde, nous faire entrer en possession de son royaume, afin de louer et de sanctifier son nom, et de travailler à obtenir que tous le louent et le sanctifient. Cette oraison est déjà quelque chose de surnaturel, que nous ne pouvons pas, malgré tous nos efforts, nous procurer nous-mêmes. C'est une sorte d'apaisement où l'âme s'établit, où Dieu, pour mieux dire, établit l'âme, comme il le fit pour le juste Siméon ; toutes ses puissances se tiennent en repos. Elle comprend, mais autrement qu'elle ne le fait par le moyen des sens extérieurs, qu'elle est déjà près de son Dieu, et que, pour peu qu'elle s'en approchât davantage, elle deviendrait, par l'union, une même chose que lui. Ce n'est pas qu'elle voie cela avec les yeux du corps ou avec ceux de l'âme ; le glorieux Siméon ne voyait rien non plus du glorieux petit Jésus ; à en juger même par les langes dont il était enveloppé, et par le peu de personnes qui lui faisait cortège, il aurait dû le prendre pour le fils de quelque pauvre, plutôt que pour le fils du Père céleste. Mais l'Enfant lui-même se révéla au vieillard ; ainsi Dieu se révèle à l'âme dans cette oraison, et elle le reconnaît, moins clairement toutefois, parce qu'elle ne comprend pas comment elle connaît. Elle voit seulement qu'elle est dans le royaume, ou du moins près du Roi qui doit le lui donner ; mais elle est abîmée dans un si profond respect devant lui, qu'elle n'ose le lui demander.

C'est comme une défaillance intérieure et extérieure ; on voudrait éviter jusqu'au moindre mouvement de l'homme extérieur, je veux dire du corps, on goûte un repos qui double les forces de l'âme ; c'est le repos du voyageur, qui, se voyant presque au terme de sa course, s'arrête un peu pour reprendre haleine, et poursuit ensuite sa route avec une nouvelle ardeur. On éprouve un bien-être délicieux du corps et une grande satisfaction de l'âme ; tel est le bonheur de l'âme de se voir auprès de la source, que sans même boire de ses eaux, elle se trouve désaltérée. Il lui semble qu'elle n'a plus rien à désirer : les puissances au repos voudraient rester toujours immobiles, le moindre de leurs mouvements pouvant troubler ou empêcher l'amour. Elles ne sont pas cependant perdues, puisqu'elles peuvent penser auprès de qui elles sont. Deux du moins sont entièrement libres, l'entendement et la mémoire. La volonté, elle, est captive, mais si, dans cette captivité, elle peut éprouver quelque peine, c'est de comprendre qu'il lui faudra devenir libre.

L'entendement voudrait ne contempler que ce divin objet et la mémoire ne s'occuper que de lui seul. Ils connaissent que c'est l'unique chose nécessaire, et que toutes les autres ne servent qu'à les troubler. Ceux qui sont dans cette oraison voudraient que leur corps fût immobile, parce qu'il leur semble qu'au moindre mouvement ils vont perdre cette douce paix ; c'est pourquoi ils n'osent se remuer. Ils ne parlent qu'avec peine, et une heure se passe à dire le Pater une seule fois. Ils sont si près de Dieu qu'un signe suffit ; ils le comprennent et parce qu'ils l'entendent et parce qu'ils sont entendus de lui. Ils sont dans le palais près de leur Roi, et ils voient qu'il commence à leur donner son royaume. Il leur semble qu'ils ne sont plus en ce monde, et ils ne voudraient plus ni le voir ni l'entendre, mais Dieu seul. Rien ne les peine, ni ne leur paraît capable de les peiner. Enfin, pendant toute la durée de cette oraison, le torrent de délices qui coule dans leur âme, les enivre et les absorbe de telle sorte, qu'ils ne voient rien de plus à désirer, et qu'ils diraient volontiers avec saint Pierre : Seigneur, faisons ici trois tentes.

Quelquefois, souvent même, à mon avis, Dieu accompagne cette oraison d'une autre faveur, fort difficile à comprendre, à moins qu'on ne l'ait fréquemment reçue ; celles d'entre vous, mes filles, à qui elle a été accordée, la comprendront facilement, et ce sera pour vous une grande consolation de savoir en quoi elle consiste. Quand cette quiétude est grande et se prolonge beaucoup, il me semble que si la volonté n'était pas unie à quelque objet, elle ne pourrait se conserver aussi longtemps dans cette paix. Il arrive en effet aux personnes favorisées de cette faveur, qu'elles sont un jour ou deux dans ce contentement, sans se comprendre elles-mêmes, mais avec cette vue très claire qu'elles ne sont pas tout entières à ce qu'elles font, et que le principal y manque, c'est-à-dire la volonté, laquelle, selon moi, est alors unie à son Dieu ; quant aux autres facultés de l'âme, la mémoire et l'entendement, elles sont libres, et plus actives, plus puissantes que jamais, mais seulement pour ce qui est du service de Dieu, car pour ce qui regarde les choses du monde, elles sont comme frappées d'impuissance et parfois de stupidité. C'est là une insigne faveur de la part de Dieu. Par elles se trouvent jointes la vie active et la contemplative. Tout ce qui est en nous s'emploie alors de concert au service du Seigneur : la volonté s'occupe à son ouvrage, c'est-à-dire à la contemplation, sans savoir de quelle sorte elle s'y occupe ; l'entendement et la mémoire font l'office de Marthe ; enfin Marthe et Marie vont ensemble.

Je connais une personne que Notre-Seigneur mettait souvent dans cet état ; et comme elle ne savait pas s'en rendre compte, elle interrogea un grand contemplatif. Celui-ci répondit que tout cela était très possible, et qu'il lui en arrivait autant[1].

De cette grande satisfaction qu'éprouve l'âme dans l'oraison de quiétude, je conclus qu'à peu près pendant tout le temps de sa durée, la volonté doit s'y trouver unie à Celui qui est seul capable de la combler de bonheur. Comme je sais, mes filles, qu'il y en a quelques-unes d'entre vous que Notre-Seigneur, par sa seule bonté, a favorisées de cette oraison, je crois qu'il ne sera pas mal à propos de leur donner ici quelques avis sur ce sujet.

Qu'elles se gardent d'abord de la tentation suivante. Comme leur bonheur est si grand et qu'elles ne savent pas comment il leur est venu, mais qu'elles voient au moins que tous leurs efforts n'auraient pas suffit à l'obtenir, elles se figurent qu'il est en leur pouvoir de se maintenir en cet état, et, de crainte d'en troubler la douceur, elles ne voudraient même pas respirer. C'est là un excès de simplicité. De même que nous ne saurions faire venir le jour, de même nous ne pouvons empêcher la nuit de prendre sa place. Ainsi en est-il de l'oraison de quiétude. C'est une faveur entièrement surnaturelle, où notre activité n'est pour rien, où nos efforts ne sauraient atteindre. Le moyen d'en prolonger la durée, c'est de comprendre que nous n'y pouvons rien ajouter, que nous n'en pouvons rien retrancher non plus, que nous en sommes souverainement indignes, et que ce que nous avons uniquement à faire, c'est de la recevoir avec de vives actions de grâces, mais sans beaucoup de paroles, en imitant plutôt le publicain, qui n'osait pas même lever les yeux au ciel.

On fait bien alors de se tenir dans une plus grande solitude, afin que l'âme soit sous la main de Notre-Seigneur et qu'il y opère comme sur un fonds qui lui appartient. Durant cette oraison, c'est tout au moins si l'on doit se permettre quelques paroles de tendresse, de temps en temps ; ainsi souffle-t-on doucement sur la chandelle, pour la rallumer quand elle vient de s'éteindre ; le même souffle l'éteindrait, si elle brûlait encore. Je dis que ce souffle doit être doux, pour indiquer que ni le soin ni la quantité des paroles ne doit occuper la volonté.

Voici, mes chères files, un second avis non moins important, c'est que vous ne devez point être surprises de vous trouver souvent, durant cette oraison, dans l'impuissance de vous servir de l'entendement et de la mémoire. Souvent, en effet, tandis que la volonté est dans cette tranquillité profonde, l'entendement est agité ; ce qui se passe là lui paraît n'être pas dans sa maison ; il croit n'être lui-même qu'un hôte dans une demeure étrangère, il va d'un lieu à un autre, sans pouvoir se fixer, parce qu'il n'en trouve aucun qui le contente. Mais peut-être mon esprit est-il le seul qui soit fait de cette sorte, et il n'en est pas ainsi des autres. C'est donc pour moi que je parle. Je l'avouerai, quelquefois je désire la mort, tant je souffre de ne pouvoir dompter la mobilité de mon entendement. En d'autres temps il s'arrête, comme s'il se plaisait dans la maison, et se joint à la volonté ; les trois puissances alors sont d'accord et c'est un paradis. Ainsi en est-il quand deux époux s'aiment bien et que l'un ne veut jamais que ce qui plaît à l'autre ; supposez le mari de mauvaise humeur, vous voyez le tourment qu'il donnera à sa femme.

Que la volonté donc, quand elle goûte cette quiétude, ne tienne pas plus compte de l'entendement que d'un fou. Elle ne saurait l'attirer à elle, sans se détourner un peu de son objet, et sans se troubler ; dès lors son oraison se changerait en un travail pénible, où, au lieu de continuer de gagner, elle perdrait ce que Notre-Seigneur lui donnait sans aucun travail de sa part.

Voici une comparaison qui me semble très juste et que je vous prie de bien saisir. Dans l'oraison de quiétude, l'âme ressemble à un enfant à la mamelle et à qui sa mère donne le sein, mais en distillant le lait dans sa bouche, pour qu'il n'ait qu'à jouir, sans sucer lui-même. Ainsi la volonté s'enivre d'amour, sans travail aucun de l'entendement. Il plait à Notre-Seigneur que, sans en avoir une pensée précise, elle connaisse qu'elle est avec lui ; qu'elle boive donc le lait que Dieu lui met dans la bouche, et qu'elle en savoure la douceur ; qu'elle sache que la main de Dieu lui fait cette grâce et qu'elle soit heureuse d'en jouir, mais qu'elle ne cherche à comprendre ni quand ni comment elle jouit, et qu'elle s'oublie elle- même. Celui qui est auprès d'elle n'oubliera pas, lui, de pourvoir à tous ses besoins. Si elle s'engage, au contraire, dans une lutte avec l'entendement, pour le forcer à la suivre et à prendre sa part de ces jouissances, elle ne pourra suffire à tout, et quoi qu'elle fasse, le lait lui échappera de la bouche, et c'en sera fait pour elle de cet aliment divin.

Il y a cette différence entre l'oraison de quiétude et celle où l'âme tout entière est unie à Dieu, que dans celle-ci l'âme n'a pas même à avaler l'aliment divin ; c'est Dieu qui le dépose en son intérieur, sans qu'elle sache comment. L'oraison de quiétude exige, semble-t-il, un léger travail ; mais il est accompagné de tant de douceur qu'on ne le sent presque pas. Le seul tourment de l'âme vient de l'entendement : tourment qui n'existe pas, quand il y a union de toutes les trois puissances. Celui qui les a créées suspend alors leur action naturelle et les enivre d'un plaisir qui les tient toutes ravies, sans qu'elles sachent ni qu'elles puissent comprendre comment.

Quand l'âme se trouve dans l'oraison de quiétude, elle sent bien que la volonté jouit d'un bonheur calme et profond : mais elle ne peut dire en quoi il consiste. Tout ce qu'elle sait et avec une entière certitude, c'est que ce bonheur diffère souverainement de tous ceux d'ici-bas, et que l'empire du monde, joint à tous les plaisirs de la terre, ne font qu'effleurer la superficie et pour ainsi dire l'écorce de la volonté, tandis que le plaisir dont je parle la pénètre et la ravit jusque dans son centre.

Or, voici ce qu'on doit faire, dès qu'on sera parvenu à une oraison si élevée, et manifestement surnaturelle, comme je l'ai dit. Si l'entendement, ou plutôt l'imagination, s'emporte aux plus grandes extravagances du monde, on ne s'en mettra point en peine, mais on la traitera comme une insensée en se moquant de ses folies ; on demeurera dans son repos pendant qu'elle va et vient, la volonté est alors dame et maîtresse, et elle l'attirera à elle, sans que vous ayez à vous en mêler. Que si elle voulait l'enchaîner de vive force, elle verrait lui échapper l'empire qu'elle exerce sur elle, empire qui lui vient de cette divine nourriture : et ainsi toutes deux y perdraient au lieu d'y gagner.

« Qui trop embrasse, mal étreint », dit le proverbe, c'est ce me semble, ce qui arrive ici. Ceux qui l'auront éprouvé le comprendront sans peine. Quant aux autres, je ne m'étonne pas que ceci leur paraisse obscur, et qu'ils trouvent cet avis inutile. Mais pour peu qu'on ait d'expérience, on le comprendra, on en profitera, et on bénira Notre-Seigneur de me l'avoir fait consigner ici.

Je dirai, en terminant ce sujet, que lorsqu'une âme est arrivée à cette oraison, elle a sujet de croire que le Père éternel lui a accordé sa demande, en lui donnant ici-bas son royaume. O heureuse demande où nous demandons un si grand bien sans le comprendre ! O heureuse manière demander ! C'est pourquoi je désire, mes soeurs, que nous prenions bien garde à la manière dont nous récitons cette prière du Pater noster, et toutes les autres prières vocales. Une fois cette demande exaucée, nous vivrons dans un entier oubli des choses du monde ; car c'est le propre de Dieu, quand il entre dans une âme, d'en bannir toutes les créatures. Je ne prétends pas toutefois que tous ceux qui ont reçu cette faveur, doivent être déjà arrivés à un détachement absolu du monde ; mais je souhaite qu'ils reconnaissent au moins ce qui leur manque, qu'ils s'humilient, et tendent par de généreux efforts à se détacher de tout, parce qu'autrement ils n'avanceront jamais.

Lorsque Dieu donne à une âme de tels gages de son amour, c'est une marque qu'il la destine à de grandes choses ; et si elle est fidèle, les progrès seront rapides. Mais s'il voit qu'après communication de son royaume, elle revient aux pensées de la terre, Dieu ne lui fera point connaître les secrets de ce royaume ; il ne lui accordera même que rarement une si précieuse faveur, et quand il daignera l'en gratifier, ce ne sera que pour peu de temps. Il peut se faire que je me trompe. Je vois toutefois, et je sais que cela se passe de la sorte. Et c'est, à mon avis, pour cette raison que, parmi les âmes arrivées à ce degré, il ne s'en trouve pas beaucoup qui aillent plus loin dans les voies spirituelles. Comme elles ne répondent pas, par leur fidélité, à une si grande grâce, et qu'au lieu de se préparer à la recevoir de nouveau, elles retirent au contraire leur volonté d'entre les mains de Dieu qui la regardait déjà comme sienne, pour l'attacher à des choses basses, Dieu va chercher ailleurs d'autres âmes qui l'aiment, et qu'il comblera davantage, sans toutefois enlever entièrement aux premières ce qu'il leur avait donné, pourvu qu'elles vivent avec une conscience pure.

Il est des personnes, et j'ai été de ce nombre, dont Notre-Seigneur attendrit le coeur, qu'il favorise de saintes inspirations, qu'il éclaire sur le néant des choses de ce monde, à qui enfin il donne son royaume, en les mettant dans cette oraison de quiétude, et qui néanmoins se rendent sourdes à sa voix. En voulez-vous savoir la cause ? C'est qu'elles tiennent trop à dire, fort à la hâte, et par manière d'acquit, quantité d'oraisons vocales qu'elles ont résolu de réciter chaque jour. En vain Notre-Seigneur, comme je viens de le dire, met son royaume entre leurs mains, elles ne veulent pas le recevoir, mais elles s'imaginent qu'il vaut mieux réciter leurs oraisons vocales, et détournent ainsi leur attention de la faveur signalée que le divin Maître daigne leur faire.

Mes soeurs, ne vous conduisez point de la sorte ; mais veillez sur vous, lorsqu'il plaira à Dieu de vous accorder une telle grâce. Considérez que ce serait perdre par votre faute un très grand trésor, et que vous faites plus, en prononçant de temps en temps quelques mots du Pater, qu'en le disant plusieurs fois en courant. Celui à qui vous adressez vos demandes est tout près de vous, et il ne manquera pas de vous écouter. Croyez-m'en, c'est là la véritable manière de louer et de sanctifier son nom ; de cette sorte vous glorifiez le Seigneur comme des enfants qui sont déjà dans la maison de leur Père ; vous le faites avec plus d'affection, avec plus de zèle et comme avec le besoin de le servir.

---

1. En marge de la copie de Tolède, la sainte ajouta ces mots : Era el Padre Francisco de la Compania de Jesus, que avia sido Duque de Grandia (y lo sabia bien por esperiencia) y dijo. Cf. Ribera, Vie de Sainte Thérèse, liv. I, cap. 10.

COMMENTAIRE DU "NOTRE PÈRE": QUE TA VOLONTÉ SOIT FAITE...

CHAPITRE UN

Sur ces paroles du Pater : Que votre volonté soit faite sur la terre comme au ciel.

Déjà le divin Maître a demandé pour nous à son Père, et nous a appris à demander des choses d'un tel prix, que tout ce que nous pouvons désirer en ce monde s'y trouve renfermé ; déjà il nous a accordé une faveur plus grande encore, il nous a fait ses frères: oyons maintenant ce qu'il veut que nous donnions à son Père, ce qu'il lui offre pour nous, et ce qu'il demande de nous ; car enfin des bienfaits si extraordinaires réclament de nous quelque retour.

O bon Jésus ! comme vous demandez beaucoup pour nous, vous ne donnez pas peu non plus de notre part ! En soi, ce présent n'est rien, comparé surtout à ce que nous devons et à la grandeur de notre dette et à la majesté de Dieu. Mais il est certain, ô mon Seigneur, que vous ne nous laissez pas les mains vides et que nous donnons tout ce qu'il nous est possible de donner, si nous disons de coeur comme de bouche : Que votre volonté soit faite ; et qu'elle soit faite sur la terre comme elle est faite au ciel ! Vous avez eu raison, ô notre bon Maître, d'adresser à votre Père la demande précédente, pour nous permettre de donner ce que vous promettez dans celle-ci en notre nom : nous ne l'aurions vraiment pas pu autrement. Mais dès là que, sur votre prière, votre Père nous donne déjà son royaume, vous pourrez tenir parole et offrir ce que vous dites pour nous. La terre une fois devenue ciel, il sera en mon pouvoir d'accomplir votre volonté ; mais sans cela, Seigneur, en une terre aussi sèche et stérile que la mienne, la chose n'est pas possible : vous offrez vraiment beaucoup.

Quand je réfléchis à ce qui précède, j'admire vraiment certaines personnes qui n'osent demander à Dieu des croix, de peur qu'il ne les exauce à l'heure même. Je ne parle pas de ceux qui s'abstiennent de faire une telle prière par humilité, et parce qu'ils craignent de n'avoir pas assez de vertu pour bien souffrir ; je suis néanmoins convaincue que Celui qui leur donne un amour assez fort pour demander pareille épreuve de leur fidélité, leur donnera aussi la force de supporter cette épreuve. Mais je voudrais bien savoir de ceux qui n'osent faire à Dieu cette prière, par crainte d'être exaucés sur-le-champ, ce qu'ils lui demandent donc quand ils lui demandent que sa volonté s'accomplisse en eux. Ne lui disent-ils ces paroles que parce que tout le monde les dit, sans avoir dessein d'exécuter ce qu'ils disent ? Que cela serait mal, mes soeurs ! Considérez que Jésus-Christ paraît ici comme ambassadeur, et qu'il a voulu s'entremettre entre son Père et nous, vous savez à quels frais. A nous dès lors d'accomplir ce qu'il a promis pour nous ; ou bien, ne prions pas. Un autre raisonnement : sachez-le bien, mes filles, quelque parti que nous prenions d'être dociles ou rebelles à cette divine volonté, rien ne peut l'empêcher de s'accomplir sur la terre et dans les cieux. Suivez donc mon conseil, et, croyez-m'en, faites de nécessité vertu.

O mon Seigneur, quelle consolation pour moi, que vous n'ayez point fait dépendre d'une volonté aussi déréglée que la mienne l'accomplissement de la vôtre ! Soyez-en éternellement béni ! que toutes les créatures vous en louent ! que votre nom en soit à jamais glorifié ! La belle chose, vraiment, que j'eusse tenu dans mes mains le sort de votre volonté ! Maintenant, je vous fais librement le don de la mienne ; à la vérité, c'est mon intérêt, car depuis longtemps l'expérience m'a prouvé combien il m'était avantageux de faire un plein et libre abandon de ma volonté entre vos mains.

O mes amies, quel profit pour nous de faire ce que nous promettons par ces paroles du Pater ! Mais aussi quelle perte si nous manquons de l'accomplir ! Avant de vous parler de ce profit, je veux mettre dans tout son jour la grandeur de l'offrande que vous faites à Dieu, quand vous lui dites : *Fiat voluntas tua*. De cette sorte, vous ne pourrez pas alléguer que vous avez été trompées, et que vous n'avez pas compris l'étendue de votre promesse. Gardez-vous d'imiter certaines religieuses qui promettent d'abord, et qui ensuite se dispensent de tenir, sur cette simple excuse qu'elles n'ont pas bien su ce qu'elles promettaient. Que cela arrive, je ne m'en étonne pas : rien de facile comme de dire qu'on remet sa volonté entre les mains d'un supérieur ; mais quand on en vient à la pratique, on trouve que c'est la chose du monde la plus difficile, si on veut la faire comme on le doit. Ce n'est pas que nos supérieurs nous traitent toujours avec rigueur, quand ils nous voient faibles ; mais quelquefois aussi ils conduisent de la même sorte les forts et les faibles. Il n'en est pas ici de même : Dieu sait ce que chacun peut souffrir ; et dès qu'il voit une âme qui a de la force, il se hâte d'accomplir en elle sa volonté.

Je veux donc vous déclarer ou vous rappeler quelle est cette volonté de votre Père. Ne craignez pas que ce soit de vous donner des richesses, des plaisirs, des honneurs, ou d'autres biens aussi terrestres. Son amour pour vous est trop grand, et le présent que vous lui faites lui est trop agréable, pour qu'il le paie si peu. C'est son royaume qu'il veut vous donner, et même dès cette vie. Or, voulez-vous savoir comment il traite ceux qui, du fond du coeur, lui demandent que sa volonté soit faite sur la terre comme au ciel ? Interrogez son divin Fils, car il lui fit cette même prière au jardin de Gethsémani. Comme il la lui adressait du fond du coeur, et en se soumettant à tout, voyez si son Père n'accomplit pas bien sa volonté en lui, le livrant aux angoisses, aux douleurs, aux injures, aux persécutions, à la mort enfin, et à la mort de la croix. Par la manière dont il a traité celui qu'il aimait le plus au monde, voyez, mes filles, quelle est la volonté de Dieu. Ce sont là les présents qu'il nous destine en ce monde, et qu'il a pour nous. A ceux qu'il aime le plus, il en donne plus ; et à ceux qu'il aime moins, il en donne moins. Il se règle aussi sur le courage qu'il voit en chacun de nous, et sur amour que nous lui portons. Il sait celui qui l'aime beaucoup capable de souffrir beaucoup pour lui, et celui qui l'aime peu capable de souffrir peu. Quant à moi, j'en suis convaincue, la mesure de notre force pour la souffrance est la mesure de notre amour : un grand amour porte de grandes croix, un petit n'en peut porter que de petites.

Ainsi, mes soeurs, si vous aimez Dieu, ne vous en tenez pas, vis-à-vis d'un si grand Roi, à des paroles de pure convenance, mais efforcez-vous d'accepter les souffrances qu'il voudra. Offrir autrement sa volonté ce serait montrer à une personne un diamant, le lui présenter, et la prier de le recevoir, et quand elle avance la main pour le prendre, le retirer à soi pour le garder jalousement. Gardons-nous bien d'ajouter cette moquerie à celles que le divin Maître a daigné souffrir pour l'amour de nous. Ce motif seul doit suffire pour nous porter à mettre un terme à une dérision trop fréquente, hélas ! puisqu'elle se renouvelle toutes les fois que nous disons ces paroles du Pater noster. Donnons-lui donc tout de bon ce diamant que nous lui avons si souvent offert, certaines que ce grand Dieu n'attend pour être généreux envers nous que ce don de notre volonté.

C'est beaucoup pour les personnes du monde d'avoir une véritable résolution d'accomplir ce qu'elles promettent. Mais quant à vous, mes filles, il ne doit point y avoir de différence entre promettre et tenir, entre les paroles et les actions ; ainsi le faisons-nous, semble-t-il, dans l'état religieux. Mais souvent après avoir offert ce diamant et l'avoir même mis au doigt de Celui à qui nous l'offrons, il nous arrive de le retirer et de le reprendre. Nous montrons d'abord beaucoup de libéralité, mais ensuite nous devenons si avares, qu'il eût en quelque sorte mieux valu ne pas tant nous hâter de donner. J'ai voulu, mes filles, vous prémunir contre une pareille infidélité ; aussi tous mes avis dans ce livre ne tendent qu'à établir ce principe : que nous devons nous abandonner entièrement à notre Créateur, n'avoir d'autre volonté que la sienne, et nous détacher des créatures. Comme je vous crois convaincues d'une vérité si importante, je n'en dirai pas davantage en ce moment.

Mais pour quelle raison le divin Maître se sert-il ici de ces paroles du Pater ! C'est qu'il connaît l'immense avantage qu'il y a pour nous à accomplir la volonté de son Père. Par là, notre âme se dispose à atteindre en très peu de temps le terme de sa course, et à se désaltérer aux eaux vives de la source dont j'ai parlé. Mais si nous ne donnons sans réserve notre volonté au Seigneur, afin qu'il en dispose entièrement à son gré, jamais il ne nous laissera boire à cette divine source.

C'est là cette contemplation parfaite dont vous m'avez priée de vous entretenir. Comme je l'ai déjà dit, nous n'y contribuons en rien, ni par effort, ni par industrie, ni par surcroît d'activité quelconque : toute action particulière trouble l'âme, et l'empêche de dire : *Fiat voluntas tua.* Accomplissez votre volonté en moi, Seigneur, selon toute l'étendue de votre bon plaisir. Si vous voulez que ce soit par des peines, donnez-moi la force de les supporter, et qu'elles viennent. Si vous ordonnez que ce soit par des persécutions, par des maladies, par des affronts, par les souffrances de la pauvreté, me voici devant vous, ô mon Père ; je ne détournerai point le visage ; non, je ne le puis pas. Votre divin Fils vous ayant offert ma volonté dans cette prière, où il vous offre cette de tous les hommes, je ne le ferai pas mentir. Mais pour que je fasse honneur à sa parole, donnez-moi, Seigneur, donnez-moi la grâce de ce royaume, qu'il vous a demandé pour moi. Enfin, Seigneur, disposez de votre servante selon votre sainte volonté, comme d'une chose qui est toute à vous.

O mes soeurs, quelle force n'a pas ce don de notre volonté, quand il est parfait et absolu ! Il a un tel empire sur le coeur du Tout-Puissant lui-même, qu'il le détermine à ne faire qu'un avec notre bassesse, à nous transformer en lui, et à unir ainsi le Créateur à la créature. Voyez si vous ne serez pas bien payées, et si vous avez un bon Maître. Sachant par quel chemin on va au coeur de son Père, il nous l'enseigne, et nous dit par quels services nous pouvons lui plaire. Plus Dieu voit par nos oeuvres que ce don de notre volonté est sincère et absolu, plus il nous approche de lui, et plus il élève notre âme au-dessus des créatures, au-dessus d'elle-même, afin de la rendre capable de recevoir de grandes faveurs. Il met à si haut prix cette preuve de notre amour, qu'il ne cesse de nous en récompenser en cette vie ; nous ne savons plus à la fin que désirer, et sa Majesté nous comble encore et encore et toujours. Ainsi, ne se contentant pas de cette union intime par laquelle il nous a rendus une même chose avec lui, ce Dieu d'amour commence à prendre ses délices dans notre âme, à lui découvrir ses secrets, à jouir enfin de la voir connaître son bonheur, et soupçonner un peu de sa félicité future. Il va plus loin encore ; il lui fait perdre l'usage des sens extérieurs, afin que rien ne la distraie ; c'est le ravissement.

Dieu commence alors à témoigner à l'âme tant d'amitié, que non seulement il lui rend la volonté, mais encore il lui donne la sienne propre ; il prend plaisir à ce que cette âme si tendrement aimée commande à son tour, et, comme elle accomplit tous ses ordres, il fait lui-même tout ce qu'elle désire ; il fait même beaucoup mieux qu'elle ne le désire, parce qu'il est tout-puissant, qu'il peut tout ce qu'il veut, et qu'il veut toujours bien.

La pauvre âme au contraire, quoi qu'elle veuille, ne peut pas ce qu'elle veut ; elle ne peut même rien que par un pur don de Dieu ; et sa plus grande richesse consiste en ce que plus elle le sert, plus elle lui est redevable. Souvent elle se sent pressée du désir d'acquitter une partie de ses dettes envers lui, et elle s'afflige de se voir sujette à tant d'engagements, d'embarras et de liens que la prison de ce corps traîne avec elle. Mais elle est bien simple de s'en tourmenter, puisqu'il n'est en son pouvoir de donner à Dieu que ce qu'elle a reçu de lui. Ainsi, qu'elle reconnaisse avec humilité son impuissance, et ne pense qu'à accomplir parfaitement ce qui dépend d'elle, qui est de lui livrer sa volonté tout entière. Tout le reste embarrasse une âme que Dieu a élevée à cet état, et ne fait que lui nuire au lieu de lui profiter. L'humilité seule peut alors quelque chose ; non pas cette humilité acquise par la méditation mais celle qui, dans la clarté même de la vérité, voit en un moment ce qu'elle n'eût pu découvrir par un pénible travail de plusieurs années : son néant, et la grandeur de Dieu.

Je termine par cet avis : ne pensez pas, mes filles, pouvoir arriver à cet état sublime par vos soins et par vos efforts. Vous y travailleriez en vain, et la dévotion que vous pourriez avoir auparavant, se refroidirait. Tout ce que vous avez à faire, c'est de dire avec simplicité et humilité, car c'est l'humilité qui obtient tout : *Fiat voluntas tua*.

COMMENTAIRE DU "NOTRE PÈRE": DONNES-NOUS NOTRE PAIN DE CE JOUR...

CHAPITRE UN

Sur ces paroles du Pater : Donnez-nous aujourd'hui notre pain quotidien.

Le bon Maître savait, comme je l'ai dit, toute la difficulté de l'offrande qu'il fait en notre nom ; il savait d'ailleurs quelle est notre faiblesse et comme elle va souvent jusqu'à feindre qu'elle ignore la volonté de Dieu. Sa compassion, comme notre faiblesse, demandait qu'il vînt à notre secours. Car enfin nous ne pouvons revenir sur l'offrande faite à Dieu de notre volonté. Mais quelles difficultés d'exécution ! Dites à un riche voluptueux que la volonté de Dieu est qu'il diminue les dépenses de sa table, pour que ceux qui meurent de faim aient au moins un peu de pain à manger ; il trouvera mille raisons pour ne pas comprendre cette obligation ou pour l'interpréter à sa fantaisie. Représentez à un envieux que la volonté de Dieu est qu'il aime son prochain comme lui-même, il s'impatientera et n'en tombera point d'accord. Dites à un religieux qui aime la liberté et les douceurs de la vie, qu'il est tenu de donner bon exemple ; que ce n'est point par de vaines paroles, mais par une promesse formelle et par un serment qu'il s'est engagé à accomplir la volonté de Dieu ; que cette volonté demande qu'il observe ses voeux ; qu'en donnant du scandale, il leur porte une grave atteinte, quoiqu'il ne les viole pas entièrement ; dites-lui enfin, qu'ayant fait voeu de pauvreté, il doit la pratiquer sincèrement et que c'est là précisément ce que Dieu attend de lui : il n'y a pas moyen, en ce temps-ci, d'en amener quelques-uns à le vouloir.

Que serait-ce si le Sauveur, en nous donnant le secours qu'il nous donne, n'avait fait en tout cela le plus difficile ? Il y aurait à peine quelques âmes à vérifier cette parole qu'il a adressée, en notre nom, à son Père : *Fiat voluntas tua* !

Jésus, voyant donc nos besoins, inventa un admirable moyen, où il fit éclater les ineffables tendresses de son amour pour nous. En son nom, et au nom de tous ses frères, il adressa à son Père cette demande : Donnez-nous aujourd'hui notre pain de chaque jour. Pour l'amour de Dieu, mes soeurs, appliquons-nous à comprendre ce que demande pour nous notre bon Maître. Méditons-le attentivement, car il y va de la vie de votre âme, et il n'y a pas de comparaison entre ce que vous avez donné et de que vous allez recevoir. Voici là-dessus une pensée qui me vient et que je soumets à de plus sages que moi. Notre bon Maître a considéré d'une part l'offrande qu'il a faite en notre nom et le devoir que nous avons de l'accomplir ; il a vu d'autre part la peine que nous aurions à nous y résoudre, à cause de notre faiblesse et de cette pente qui nous entraîne en bas ; il a vu aussi qu'avec un courage et un amour aussi peu ardent que les nôtres, seul l'exemple de son amour était capable de nous réveiller ; encore faudrait-il que nous l'eussions sous les yeux non une fois ou deux, mais tous les jours. Pour tous ces motifs, il a résolu de rester avec nous sur cette terre. Mais comme c'était une chose si grave et de si haute importance, il a voulu que ce fût son Père lui-même qui nous l'accordât. Sans doute, n'étant qu'un avec lui et n'ayant qu'une même volonté, il savait que tout ce qu'il ferait sur la terre serait agréé et ratifié par son Père dans le ciel ; mais l'humilité du bon Maître était si grande, qu'il voulut en quelque sorte demander à son Père, dont il était l'amour et les délices, la permission de rester parmi nous. Il n'ignorait pas qu'en lui faisant cette demande, il lui demandait plus qu'il n'avait fait dans toutes les autres ; car, au moment où il la lui adressait, il savait que non seulement les hommes devaient lui faire souffrir la mort, mais que cette mort serait accompagnée d'affronts, d'outrages de toutes sortes.

O mon Seigneur ! quel serait le père qui, nous ayant donné son fils, - et un tel fils, - et le voyant si maltraité de nous, se résoudrait à le laisser encore parmi nous, pour une passion de tous les jours ? Pour sûr, mon Sauveur, aucun autre Père que le vôtre ; et vous saviez bien à qui vous adressiez une pareille demande. O mon Dieu ! quel excès d'amour dans le Fils ! et quel excès d'amour dans le Père !

A la vérité, cela m'étonne moins de Jésus. Après avoir dit à son Père :

Que votre volonté soit faite, il se devait à lui-même de l'accomplir. Or, comme il savait qu'en nous aimant comme lui-même il faisait ce que voulait son Père, il cherchait, coûte que coûte, les meilleurs moyens d'accomplir, dans toute sa plénitude, ce commandement de l'amour.

Mais vous, Père éternel, comment consentez-vous à voir votre Fils livré chaque jour à des mains indignes ? Déjà vous l'aviez permis une fois, vous l'aviez bien voulu et vous avez vu comme il a été maltraité. Comment votre tendresse supporte-t-elle à présent de le voir chaque jour, oui, chaque jour, accablé d'injures ? Quelles injures, hélas, lui sont épargnées dans le très saint sacrement ? O Père éternel, faut-il donc que vous le voyiez aux mains de vos ennemis, et de quels ennemis ? Quelles profanations lui font souffrir ces malheureux hérétiques !

O Seigneur éternel, comment pouvez-vous donc exaucer la demande de votre Fils et consentir à ses voeux ? ne considérez pas son amour : pour accomplir votre volonté et pour nous procurer un si grand bien, il se laissera mettre en pièces chaque jour. C'est à vous, mon Dieu, de prendre garde aux intérêts de votre Fils, attendu que rien n'arrête son amour. Faut-il que tout ce qui nous est bon lui coûte si cher ! Il se tait à tout, il n'a pas une parole pour lui, il n'ouvre la bouche qu'en notre faveur ! Ne se trouvera-t-il donc personne qui prenne la défense de ce très aimant Agneau !

Ce qui me frappe, c'est que cette demande est la seule où notre divin Maître répète les mêmes paroles. Car après avoir prié son Père de nous donner ce pain de chaque jour, il ajoute : Donnez-nous le aujourd'hui. A la vue d'une telle charité, que votre coeur, mes filles, se fonde de tendresse et s'embrase d'un nouvel amour pour votre Epoux. Il n'y a pas un esclave qui avoue de bon coeur sa condition ; et notre Jésus, lui, s'honore, dirait-on, de professer son esclavage. O Père éternel, quel n'est pas le mérite de cette humilité ? Quel n'est pas ce trésor dont nous vous payons votre Fils ! On le vend, nous le savons, trente deniers ; mais on ne l'achète pas pour tous les trésors de la terre.

Admirons jusqu'où va l'amour de notre Maître dans cette demande du Pater. En tant qu'il possède notre nature, il se fait une même chose avec nous ; et, en tant que maître de lui-même, il peut se donner à nous. C'est pourquoi il dit : notre pain. Il ne met aucune différence entre lui et nous ; mais c'est nous qui en mettons une, lorsque nous refusons de faire chaque jour à son Père, par les mains de ce Fils, le don de notre volonté propre.

CHAPITRE DEUX

Suite du même sujet.

En appelant le pain du Pater le pain de chaque jour, il semble que Notre-Seigneur l'entend de toute la suite des jours ; pourquoi donc demande-t-il que ce pain quotidien nous soit donné aujourd'hui ? Voici la pensée qui me vient là-dessus. Ce pain est notre pain de chaque jour, parce que nous le possédons déjà sur la terre et que nous le posséderons aussi dans le ciel, si nous savons mettre à profit la faveur que Notre-Seigneur nous fait d'habiter parmi nous ; car son dessein, en demeurant avec nous, a été de nous aider, de nous animer, et par cette divine nourriture de nous rendre capables d'accomplir la volonté de son Père. Aujourd'hui, ajoutons-nous ; que ce pain nous soit donné aujourd'hui : comme si nous disions pour un simple jour. C'est en effet la durée de ce monde, un simple jour, principalement pour ces malheureux qui se damnent et qui ne jouiront pas de ce pain dans l'autre vie. Oh ! la faute n'est pas à Dieu, s'ils se laissent vaincre, car Dieu ne cesse d'exciter leur courage jusqu'à la fin du combat. Ils seront donc sans excuse, et ils ne pourront se plaindre que le Père éternel les ait privés de ce pain des forts, au moment où ils en avaient le plus besoin.

Puisque ce n'est qu'un jour, le Fils demande à son Père de le passer au service des siens. Donné et envoyé au monde par la seule volonté paternelle, il veut maintenant, par sa volonté propre, ne pas nous abandonner, mais demeurer sur cette terre pour une plus grande gloire de ses amis, et pour le châtiment de ses ennemis[1]. Il borne au jour d'aujourd'hui cette nouvelle demande.

Elle a été entendue. Le Père éternel nous laisse ce pain sacré de l'humanité de son Fils, et il nous le donne comme une manne qui aura tous les goûts que nous désirerons. Désormais, si ce n'est par sa faute, notre âme n'a plus à craindre de mourir de faim, elle est sûre de trouver dans le très saint sacrement toute la saveur et la consolation qu'elle voudra. Il n'y a plus ni peines, ni épreuves, ni persécutions qui ne deviennent légères, si nous commençons à goûter celles de Jésus.

Unissez, mes filles, vos prières à celles de ce divin Maître, et demandez au Père qu'il vous laisse votre Epoux durant ce jour, et que vous ne soyez pas en ce monde sans lui. C'est assez, pour tempérer une pareille joie, qu'il reste si caché sous les apparences du pain et du vin ; pour qui n'aime que lui et n'a de consolation qu'en lui ces voiles sont un vrai supplice. Ah ! que du moins il vous reste, et qu'il vous dispose à le recevoir dignement.

Quant à l'autre pain, puisque vous vous êtes abandonnées sans réserve à la volonté de dieu, ne vous en mettez point en peine, du moins durant votre oraison. Vous traitez alors de choses plus importantes. Il est d'autres temps pour travailler et pour pourvoir à votre entretien ; mais alors même évitez toute sollicitude et préoccupation d'esprit. Tandis que le corps vaque à un travail légitime, il faut que l'âme se repose. Laissez, comme il a été déjà dit fort au long, le soin du temporel à votre Epoux, il s'en occupera toujours fidèlement.

Quand un serviteur entre au service d'un maître, il s'applique à lui donner pleine et entière satisfaction ; de son côté le maître est obligé de nourrir son serviteur, tout le temps qu'il le garde à son service, sauf le cas pourtant où il devient tellement pauvre qu'il ne peut plus subvenir à son entre tien et à celui de son serviteur. Ici vous n'avez rien de tel à craindre. Celui au service duquel vous vous êtes engagées, est et sera toujours riche et puissant. Eh bien ! que vous en semble ? le serviteur aurait-il bonne grâce à demander tous les jours à son maître la nourriture dont il a besoin ? ne sait-il pas très bien qu'il est obligé de la lui donner, et qu'il n'aura garde d'y manquer ? Et le maître ne pourrait-il pas lui répondre, avec justice, que le devoir d'un serviteur est de contenter en tout celui qu'il sert, et qu'il a tort d'accepter des soucis qui lui font tout faire de travers ? Ainsi, mes soeurs, s'inquiète et demande qui voudra ce pain terrestre ; pour nous,

nous demandons au Père éternel d'être dignes de recevoir notre pain céleste. Et si à cause des voiles dont il se couvre, nous ne pouvons le contempler des yeux du corps, qu'au moins il se découvre aux yeux de notre âme, et lui révèle ses amabilités. C'est là pour elle une toute autre nourriture, pleine de joie et de délices, et qui soutient sa vie.

Pensez-vous que cette très sainte nourriture ne soutienne pas aussi les corps, et ne soit pas un remède efficace à leurs maux ? Pour moi, je sais qu'elle a cette vertu. Je connais une personne qui, outre de grandes infirmités, éprouvait souvent de très vives douleurs en allant communier, et qui n'avait pas plus tôt reçu le pain de vie qu'elle sentait tous ses maux s'évanouir, comme si on les lui eût enlevés avec la main. Cela lui arrivait très fréquemment ; et en des souffrances très définies, où l'illusion, ce me semble, n'était pas possible. Mais les merveilles opérées par ce pain sacré, en ceux qui le reçoivent dignement, sont si notoires, que je m'abstiens d'en rapporter un grand nombre d'autres qui concernent cette personne ; le récit m'en serait facile, attendu que j'étais au courant de tout ce qui lui arrivait et que je sais qu'il n'y avait point l'ombre de mensonge. A la vérité, Dieu lui avait donné une foi si vive, que lorsqu'elle entendait dire à certaines âmes qu'elles eussent voulu vivre au temps où Jésus-Christ, notre bien, était en ce monde, elle riait en elle-même, parce que cet adorable Sauveur, étant aussi réellement au milieu de nous dans le très saint sacrement de l'autel qu'il l'était alors au milieu des homes, elle ne comprenait pas qu'on pût désirer davantage. Mais aussi, je sais de cette personne que, pendant plusieurs années, sans être encore très parfaite, elle ranimait tellement sa foi au moment de la communion, qu'elle voyait Notre-Seigneur aussi présent que si elle l'eût vu des yeux du corps entrer chez elle. Sûre de posséder alors son Dieu dans la pauvre demeure de son coeur, elle se détachait, autant qu'il était en elle, de toutes les choses extérieures, pour se renfermer avec lui. Elle s'efforçait de recueillir tous ses sens, pour leur faire connaître, en quelque sorte, le bien ineffable qu'elle possédait, ou plutôt pour les empêcher d'embarrasser l'âme, tout appliquée à le considérer. Elle se tenait en esprit à ses pieds, et elle pleurait avec Madeleine comme si elle l'eût vu des yeux du corps dans la maison du pharisien. Quand la dévotion sensible lui manquait, il lui suffisait de la foi qui lui disait qu'il était bien là.

Qui pourrait en effet, à moins d'un stupide aveuglement, douter que Dieu ne soit alors véritablement au-dedans de nous ? Ce n'est plus ici une simple représentation, comme lorsque à l'aide de l'imagination nous nous représentons Jésus-Christ en croix ou dans quelque autre mystère de sa passion : c'est la réalité, c'est Jésus-Christ même actuellement présent, en sorte qu'il n'est plus nécessaire d'aller le chercher ailleurs et loin de nous ; il est au-dedans de nous, et il y demeure tant que la chaleur naturelle n'a pas consumé les accidents du pain. Puisque nous le savons, approchons-nous de lui.

Si, lorsqu'il était dans le monde, il guérissait les malades par le seul contact de ses vêtements, pouvons-nous douter qu'il n'accorde à notre foi ou des miracles ou des faveurs quelconques, quand il est au-dedans de nous, quand il demeure dans notre maison ? Non, sa Majesté n'a pas coutume de lésiner avec des hôtes qui le reçoivent bien.

Peut-être éprouvez-vous quelque regret de ne pas le voir des yeux du corps. Vous ne songez pas que notre condition présente ne comporte pas cette vision. Autre chose en effet son état mortel d'autrefois, et autre chose son état glorieux d'aujourd'hui. Qui donc, avec une pauvre nature comme la nôtre, tiendrait devant cette gloire ? Le monde pourrait-il en soutenir l'éclat ? Et qui voudrait rester en ce monde, quand la vue de cette éternelle Vérité nous montrerait à découvert le néant et le mensonge de tout ce que nous estimons ici-bas ? Si ce grand Dieu nous apparaissait dans sa majesté, comment une pauvre pécheresse comme moi, qui l'ai tant offensé, oserait-elle rester si près de lui ? Mais sous l'apparence de ce pain, j'ose traiter avec lui ; et c'est comme si le roi se déguisait pour nous convier, par ce déguisement lui-même, à négliger avec lui les égards et les respects ordinaires. Qui oserait autrement, je le répète, s'approcher de lui avec tant de tiédeur, avec tant d'indignité, avec tant d'imperfections ? Oh ! que nous savons peu ce que nous demandons, quand nous demandons de le voir ; et que sa sagesse a mieux compris nos intérêts ! Malgré ce voile, il ne laisse pas de se découvrir à ceux qu'il connaît devoir tirer profit de sa présence ; et s'il ne se montre pas aux yeux du corps, il se montre à ceux de l'âme, soit par de grands sentiments intérieurs, soit de plusieurs autre manières.

Demeurez de bon coeur avec lui, mes filles, et ne perdez pas cette heure qui suit la sainte communion ; c'est le temps excellent pour négocier vos intérêts spirituels. S'il arrive que l'obéissance vous appelle ailleurs, laissez votre âme avec le divin Maître. Mais si vous portez aussitôt votre pensée sur un autre objet, si vous ne faites aucun cas de lui, si vous oubliez qu'il est en vous, comment pourrait-il se faire connaître à votre âme ? Je le répète, c'est un temps souverainement précieux que cette heure qui suit la communion : le divin Maître se plaît alors à nous instruire ;

prêtons l'oreille, et en reconnaissance de ce qu'il daigne nous faire entendre ses leçons, baisons-lui les pieds, et conjurons-le de ne pas s'éloigner de nous. Si vous jetez, en ce moment, la vue sur une image de Jésus-Christ, qui excite en vous ces sentiments, ne faites pas la sottise de le quitter pour regarder son image. C'est comme si quelqu'un possédant le portrait d'une personne qui lui est chère, et recevant sa visite, la laissait là, sans lui dire un mot, pour aller s'entretenir avec son portrait. Mais savez-vous en quel temps il est utile de recourir à un tableau de Notre-Seigneur (je le fais moi-même avec un plaisir infini), c'est lorsque ce divin Maître s'éloigne de nous, et nous le fait sentir par beaucoup de sécheresses. Quelle consolation alors d'avoir devant les yeux l'image de Celui que nous avons tant de motifs d'aimer ; je voudrais que notre vue ne pût se porter nulle part sans la rencontrer. Et quel objet plus saint, plus fait pour charmer les regards, que l'image de Celui qui a tant d'amour pour nous, qui est le principe de tous les biens ? Oh ! malheureux sont ces hérétiques qui, par leur faute, ont perdu cette consolation et tant d'autres !

Puisque Jésus-Christ lui-même est au-dedans de vous, dès que vous avez reçu la sainte Eucharistie, fermez les yeux du corps pour ouvrir ceux de l'âme, et regardez-vous au coeur. Je vous l'ai déjà dit, je vous le répète encore, je ne me lasserai point de vous le dire : si vous prenez cette habitude, chaque fois que vous communiez, si vous faites en sorte de vous conserver assez pures, pour qu'il vous soit permis de communier souvent, il ne se cachera pas tellement, qu'il ne se révèle à votre âme d'une manière ou d'une autre et en proportion du désir que vous aurez de le voir ; et vous pouvez même le souhaiter avec une telle ardeur, qu'il se découvre entièrement à vous.

Mais si nous ne faisons pas cas de lui, si au moment même où nous le recevons, nous le quittons pour nous occuper de choses inférieures, que doit-il faire ? Est-ce à lui de nous en retirer par force, de nous contraindre à le regarder, pour qu'il se révèle à nous ? Non certes : il n'a pas tant gagné que cela à se montrer aux hommes à découvert, et à leur dire clairement qui il était ; quelques-uns à peine crurent en lui. La faveur qu'il nous fait à tous, de vouloir que nous soyons assurés de sa présence dans le très saint sacrement, doit nous suffire ; quant à se montrer sans voiles, quant à communiquer ses grandeurs et à prodiguer ses trésors, il ne le fait qu'à ses amis, à ceux qui l'appellent de toute l'ardeur de leurs désirs. Mais si quelqu'un n'est pas pour Notre-Seigneur un ami véritable, s'il ne s'approche pas pour le recevoir en ami, après une préparation où il a mis tout son coeur, que celui-là ne l'importune pas pour obtenir qu'il se manifeste à lui. Il y en a qui prennent à peine le temps de satisfaire au précepte de la communion pascale, et aussitôt sortant de leur intérieur ils se hâtent d'en faire sortir Jésus-Christ. Tel est leur attachement aux affaires, aux occupations, aux embarras du siècle, qu'il leur semble urgent d'agir et de vider leur demeure de celui qui en est le Maître.

---

1. Ces derniers mots sont effacés.

CHAPITRE TROIS

Fin du même sujet.

L'importance du sujet m'a fait revenir et m'étendre sur un point que j'avais touché en parlant de l'oraison de recueillement : je veux dire la haute convenance de rentrer en nous-mêmes et de nous tenir seules avec Dieu après la sainte communion. Les jours où vous entendez la messe sans communier sacramentellement, faites une communion spirituelle, vous le pourrez toujours et vous en retirerez le plus grand fruit ; vous pourrez aussi vous recueillir et rester au-dedans de vous, comme je l'ai dit plus haut. L'amour de Notre-Seigneur s'imprime ainsi merveilleusement dans nos âmes. Chaque fois que nous nous disposons à le recevoir, il nous donne quelque grâce, et se communique à nous de diverses manières toutes mystérieuses. Quand on est devant le feu, quelque ardent qu'il soit, si on ne s'approche pas et qu'on ne tende pas les mains, on se chauffe mal, bien qu'on ait moins froid cependant que si l'appartement n'avait pas de feu. Mais il en va tout autrement du feu divin : avec la seule volonté de s'en approcher, avec la disposition seule de désirer chasser le froid, il suffit de quelques moments passés auprès de Notre-Seigneur pour être pénétré d'une chaleur qui durera plusieurs heures[1].

Si dans le principe vous ne vous trouvez pas bien de cette pratique, sachez que le démon en peut être cause ; comme il sait le dommage qui lui en reviendra, il essaiera de vous en détourner par des troubles et des angoisses de coeur, et il cherchera à vous persuader que vous trouverez plus de dévotion en d'autres exercices de piété. Tenez ferme, et prouvez ainsi à Notre-Seigneur combien vous l'aimez. Souvenez-vous que peu d'âmes ont le courage de l'accompagner, et de le suivre dans la souffrance ; endurons quelque chose pour lui ; sa Majesté nous le rendra. Souvenez-vous encore du nombre si grand de personnes qui non seulement ne veulent pas demeurer avec lui, mais qui le chassent grossièrement de chez elles. Sachons donc lui faire connaître, par quelque courage à souffrir avec lui, que nous voulons, nous, rester en sa présence. Puisqu'il n'est rien qu'il ne souffre et qu'il ne soit prêt à souffrir pour trouver une âme disposée à le recevoir et à le retenir chez elle avec amour, soyez vous-même cette âme-là. S'il n'y en avait aucune dans ces dispositions, son Père ne pourrait vraiment pas permettre qu'il demeurât parmi nous. Mais il est si bon ami à ses amis, si bon Maître à ses serviteurs, qu'il le laisse vaquer comme il veut à une oeuvre, où resplendit si parfaitement son amour envers son Père et envers nous.

Père saint, qui êtes dans les cieux, vous ne pouviez sans doute refuser à votre Fils une faveur qui devait être pour nous la source de tant de biens. Il vous a demandé de rester avec nous ; et vous y avez consenti, vous avez tout accepté. Mais permettez-moi de le dire encore, ce Fils bien-aimé, toujours muet pour sa propre cause, ne trouvera-t-il pas quelques voix qui s'élèvent pour lui ? Osons lui prêter les nôtres, mes filles. C'est de la hardiesse, je l'avoue, avec notre misère si grande ; mais le divin Maître, ne l'oublions pas, nous commande lui-même de prier. Allons donc par obéissance, et au nom même de notre Jésus, présentons-nous à son Père ; puisque Jésus a mis le comble à ses bienfaits en demeurant au milieu des pécheurs, supplions ce bon Père de ne pas permettre qu'il y soit traité plus longtemps d'une manière indigne. Puisque Jésus nous a donné dans l'Eucharistie un si excellent moyen de l'offrir et de l'offrir encore en sacrifice, que le Père, en retour de cette offrande précieuse, mette fin aux outrages, aux profanations qui se commettent dans tous les lieux où le très saint sacrement se trouve entouré d'hérétiques ; les églises y sont renversées, les prêtres mis à mort, les sacrements abolis ! Quelle est cette patience, mon Seigneur et mon Dieu ? Ou faites finir le monde, ou mettez un terme à de si grands maux. Toutes misérables que nous sommes, nos coeurs se brisent à un tel spectacle. Père éternel, je vous supplie, vous-même n'en soutenez pas plus longtemps la vue. Arrêtez ce feu, Seigneur ; car si vous le voulez, vous le pouvez. Considérez que votre Fils est encore dans ce monde. Au nom du respect dû à sa personne, faites cesser tant d'indignités, d'abominations, de souillures ; ni sa beauté, ni son adorable pureté ne méritent qu'il se commette, dans les demeures où il habite, de pareilles profanations. Exaucez notre prière, Seigneur, non pour l'amour de nous, nous n'en sommes pas dignes, mais pour l'amour de votre Fils. Nous n'avons garde, pour le soustraire à tant d'insultes, de vous demander qu'il cesse d'être avec nous ; et que deviendrions-nous sans lui ? N'est-il ici-bas, contre toutes vos colères, le gage unique de nos espérances ? Il doit y avoir, Seigneur, un remède à ce mal ; plaise à votre Majesté de l'appliquer.

O mon Dieu, que n'ai-je le droit de vous importuner, que ne puis-je invoquer, pour obtenir cette grâce, de longs et fidèles services : vous les prendriez en considération, vous qui n'en laissez aucun sans récompense. Mais, hélas ! Seigneur, je n'ai rien fait de pareil ; c'est plutôt moi, peut-être, qui ai provoqué votre courroux ; ce sont mes péchés qui ont attiré de si grands malheurs. Que me reste-t-il donc, ô mon Créateur, si ce n'est de vous présenter ce pain sacré, de vous en faire don, après l'avoir reçu de vous, et de vous conjurer, par les mérites de votre Fils, de m'accorder une grâce qu'il a méritée en tant de manières ? Eh bien, ne différez plus, Seigneur, ne différez plus ; faites que cette mer courroucée se calme, que cette grande tempête qui agite le vaisseau de l'Église, s'apaise ; enfin, mon Seigneur, sauvez-nous, car nous périssons.

---

1. « Il suffit qu'une petite étincelle jaillisse sur elle pour l'embraser tout entière. » (Esc.)

COMMENTAIRE DU "NOTRE PÈRE": PARDONNES-NOUS NOS OFFENSES...

CHAPITRE UN

*Sur ces paroles : Pardonnes-nous
nos offenses.*

Notre bon Maître voit à présent que ce pain céleste nous rend, si nous n'y mettons pas de faute, tout facile, et que nous pouvons très bien procurer, comme nous l'avons dit à son Père, l'accomplissement de sa volonté en nous : il ajoute donc à sa prière les paroles suivantes : *Dimitte nobis debita nostra*, et demande que son Père nous pardonne comme nous pardonnons. Remarquez, mes soeurs, qu'il ne dit point : comme nous pardonnerons, afin de nous faire comprendre que celui qui vient de demander un don aussi précieux que le précédent, et qui a soumis à la volonté de Dieu sa volonté propre, doit avoir déjà pardonné. Il dit donc : comme nous pardonnons, et nous enseigne par là que celui qui a dit à Dieu : *Fiat voluntas tua*, doit avoir déjà tout pardonné, ou du moins être résolu à le faire.

C'était pour les saints, vous le savez, un sujet de joie que les persécutions et les injures, parce qu'elles leur fournissaient un moyen d'offrir quelque chose à Dieu en retour de ce qu'ils lui demandaient. Mais une pauvre pécheresse comme moi, que pourra-t-elle offrir, elle qui a eu si rarement occasion de pardonner et qui a besoin de tant de pardons ? C'est là, mes soeurs, un sujet digne de considération : qu'une grâce aussi précieuse que le pardon divin de ces fautes, qui méritaient le feu éternel, dépende d'une condition insignifiante comme le pardon que nous pouvons donner nous-mêmes, un pardon qui n'a presque pas d'objet. Oh ! Seigneur, c'est bien gratuitement que vous nous pardonnez et votre miséricorde tombe tout à fait bien. Béni soyez-vous de me supporter telle quelle et sans que j'aie même à remplir la condition mise par votre Fils au pardon de tous les autres. Mais d'autres peut-être me ressemblent qui ne comprennent pas cette conclusion. S'il y a de ces personnes, je les conjure en votre nom, ô mon Maître, qu'elles méprisent donc ces riens que l'on appelle injures et ces prétendus points d'honneur qui nous occupent, comme leurs maisonnettes de paille occupent les petits enfants. O mon dieu, s'il nous était donné de savoir ce que c'est que le véritable honneur et en quoi consiste sa perte ! Ceci n'est pas pour nous précisément ; il serait vraiment trop malheureux que des religieuses n'eussent pas compris déjà cette vérité : mais je pense à moi et au temps où je faisais cas de l'honneur, sans savoir ce que c'était, me laissant, comme les autres, emporter par le courant. De quelles choses alors je m'offensais ! Que j'en ai de honte maintenant ! Je n'étais cependant pas du nombre des personnes les plus susceptibles en cette matière ; mais je me trompais sur le point capital, parce que je n'estimais pas, je n'appréciais pas l'honneur qui est utile, j'appelle ainsi celui qui profite à l'âme. Oh ! qu'il avait raison celui qui a dit qu'honneur et profit n'allaient pas de compagnie ! J'ignore s'il l'a dit dans ce sens ; mais il demeure vrai au pied de la lettre, que le profit de l'âme et ce que le monde appelle honneur ne peuvent jamais se trouver ensemble. En vérité, il règne dans le monde sue ce sujet un renversement d'idées qui effraie. Béni soit le Seigneur qui nous en a retirées !

Mais sachez, mes soeurs, que le démon ne nous oublie pas. Jusque dans les monastères il invente des points d'honneur, il établit des lois d'après lesquelles des religieuses montent et descendent en dignités, comme dans le siècle. Les gradués des écoles ont, paraît-il, à honorer leurs degrés : celui, par exemple, qui est arrivé à professer la théologie ne peut point s'abaisser à une chaire de philosophie, il se croirait blessé ; l'honneur veut que l'on monte, sans jamais descendre. Et quand bien même l'obéissance le lui commanderait, il ne laisserait pas de voir dans cet ordre une atteinte à ses droits ; d'autres prendraient parti pour lui, soutenant qu'on lui fait injure ; et le démon leur découvrirait bientôt mille arguments pour établir que, même d'après la loi de Dieu, cet homme a raison. De même sans doute en religion. Si une personne a été prieure, elle est inamovible et ne peut descendre à un emploi inférieur. Si une personne est plus âgée, il faut qu'on ait pour elle toute sorte de prévenances. Pour ce dernier point, l'on y est fidèle, souvent même l'on s'en fait un mérite devant Dieu, parce qu'il est prescrit par la règle. En vérité, il y aurait de quoi rire s'il ne fallait en pleurer : la règle commande-t-elle donc de ne pas garder l'humilité ? La règle prescrit l'ordre et les convenances. Mais moi, je ne dois pas être si jalouse de ces égards, que je tienne plus à ce point de la règle qu'à beaucoup d'autres, observés peut-être imparfaitement. Je ne dois pas faire consister toute la perfection dans ce seul point : d'autres d'ailleurs veilleront à ce qu'il soit observé, si de mon côté je n'en suis point en peine. Voici ce qui arrive : toujours portées à monter, quoique ce ne soit point là le chemin du ciel, nous ne pouvons nous résoudre à descendre[1].

O Seigneur, Seigneur ! n'êtes-vous pas tout ensemble et notre modèle et notre maître ? Oui, sans doute. Eh bien, où avez-vous mis votre gloire, ô vous qui êtes notre glorificateur ? L'avez-vous perdue en vous humiliant jusqu'à la mort ? Non, Seigneur ; c'est par là, au contraire, que vous nous avez tous élevés. Oh ! pour l'amour de Dieu, mes soeurs, ne prenons pas ce chemin-là ; nous nous perdrions, parce qu'on s'égare dès les premiers pas. Dieu veuille qu'il ne se perde pas quelque pauvre âme par attachement à ces vils points d'honneur, et par ignorance de l'honneur véritable. Quoi ! nous croirions avoir beaucoup fait en pardonnant une de ces bagatelles qui n'était ni une injure, ni un affront, ni rien du tout ; et absolument comme si nous avions fait merveille, nous nous imaginerons que Dieu nous doit le pardon, parce que nous avons pardonné ! Faites-nous voir, ô mon Dieu, que nous ne nous connaissons pas nous-mêmes ; que nous nous présentons devant vous les mains vides ; et pardonnez-nous nos fautes, par un pur effet de votre miséricorde.

Mais combien Dieu apprécie donc que nous nous aimions les uns les autres ! Jésus aurait pu présenter à son Père d'autres motifs. Il aurait pu lui dire : Pardonnez-nous, Seigneur, parce que nous faisons de rudes pénitences, parce que nous prions et nous jeûnons beaucoup ; parce que nous avons tout abandonné pour vous. Pardonnez-nous, parce que nous vous aimons d'un grand amour, et que nous sommes prêts à faire pour vous le sacrifice de la vie. Non, je le répète, il ne dit cela, ni rien de semblable, mais seulement parce que nous pardonnons. C'est qu'il a vu sans doute combien nous sommes attachés à ce misérable honneur et que rien ne nous coûte plus que d'en faire le sacrifice, mais que rien non plus n'est aussi agréable à son Père : il a pris alors le parti de le dire dans sa prière et de l'offrir en notre nom.

Remarquez bien encore une fois, mes soeurs, que, par ces paroles: comme nous pardonnons, Notre-Seigneur indique que c'est chose déjà faite.

La remarque en effet me paraît de grande importance. Quand une âme a réellement reçu de Dieu les faveurs qui accompagnent la contemplation parfaite, non seulement elle sera déterminée à pardonner, mais elle pardonnera de fait quelque injure que ce soit, si grave qu'elle puisse être. Quant à ces bagatelles que nous appelons injures, elles n'arrivent pas même jusqu'à ces âmes que Dieu approche de lui dans une oraison si sublime. Ces âmes sont aussi indifférentes à l'estime qu'au mépris ; je me trompe, l'honneur leur cause beaucoup plus de peine que le déshonneur ; et le repos et les délices plus que la souffrance. Une fois que Dieu, dès cet exil, les a mises en possession de son royaume, elles ne veulent plus du royaume de ce monde ; elles savent qu'elles régneront d'une manière d'autant plus haute, qu'elles auront plus d'horreur de toutes les joies du siècle, elles connaissent déjà par expérience quels trésors elles gagnent, et quels progrès elles font en souffrant pour Dieu. Aussi est-il rare que Dieu fasse goûter les délices extraordinaires de la contemplation à d'autres qu'à des âmes qui ont généreusement souffert pour son amour. Les croix des contemplatifs étant si pesantes, comme je l'ai dit plus haut, Dieu n'en charge que des âmes bien éprouvées.

De telles âmes, mes soeurs, ayant une parfaite connaissance du néant du monde, ne s'arrêtent guère à rien de ce qui passe. Dans un premier moment, il est vrai, une grande injure, une croix pesante, peuvent les affliger ; mais elles n'ont pas plus tôt commencé à les sentir, que la raison vient à leur secours, et dissipe toute leur peine. Que dis-je ? elles tressaillent de joie, en voyant cette occasion que Dieu leur offre d'obtenir de lui, en un jour, plus de grâce et de gloire qu'elles n'auraient pu en espérer en dix ans de travaux, dont elles auraient elles-mêmes fait choix.

Je puis affirmer que cela est fort ordinaire ; j'en ai acquis la certitude par les entretiens intimes que j'ai eus avec un grand nombre de contemplatifs. On n'apprécie pas plus dans le monde l'or et les pierreries qu'ils n'apprécient, eux, et qu'ils ne désirent les tribulations ; ils savent que c'est par elles qu'ils doivent s'enrichir. Ces personnes sont très éloignées d'avoir, en quoi que ce soit, bonne opinion d'elles-mêmes ; elles sont bien aises que l'on connaisse leurs péchés, et prennent même plaisir à les dire quand elles voient qu'on a pour elles de l'estime. Elles n'ont pas d'autre sentiment au sujet de leur haute naissance, parce que cette noblesse, elles le savent bien, ne les avance pas dans le royaume éternel.

Peut-être se féliciteraient-elles d'un nom illustre, s'il devait servir à un plus grand honneur de Dieu. Hors ce cas, elles souffrent d'être estimées plus qu'elles ne valent, et ce n'est point avec peine, mais avec plaisir, qu'elles détrompent ceux qui ont d'elles une opinion trop favorable. Telles sont enfin, et telles doivent être les âmes à qui Dieu fait cette grâce d'amour et d'humilité, que si l'honneur de Dieu doit y gagner, elles s'oublient elles-mêmes absolument, elles ne comprennent plus qu'on s'offense de rien, ou qu'on puisse se croire injurié. A la vérité, ces grands effets ne se rencontrent que dans les âmes déjà arrivées à une haute perfection, et auxquelles Notre-Seigneur fait habituellement la grâce de les approcher de lui par la contemplation parfaite.

Mais quant au premier point, qui est de se résoudre à souffrir des injures, quoiqu'on en ressente de la peine, j'estime que celui que Dieu élève jusqu'à l'union obtient en peu de temps ce bonheur. S'il ne l'obtient pas, si par l'oraison il ne se sent pas affermi dans cette résolution, il a sujet de croire que ce qu'il prenait pour une faveur de Dieu, n'est qu'une illusion de l'esprit de ténèbres qui le flatte et veut le persuader de son mérite. Il peut néanmoins arriver que lorsque Dieu ne fait que commencer à donner ces grâces, l'âme ne possède pas encore cette force dont je parle ; mais je dis que s'il continue à la favoriser, elle acquerra cette force en peu de temps, sinon dans les autres vertus, au moins dans celle de pardonner les offenses.

Non, je ne puis le croire, une âme qui approche ainsi de celui qui est la miséricorde même, qui voit, à cette lumière, et ce qu'elle est et ce que Dieu lui a pardonné, ne peut pas ne pas pardonner sur-le-champ, et refuser une véritable affection à celui qui l'a offensée. En voici la raison : cette âme, ayant devant les yeux les grâces que Dieu lui a faites, y voit de telles preuves de l'amour divin, qu'elle est heureuse des occasions de rendre amour pour amour. Je le répète, je connais plusieurs personnes que Dieu élève à des états surnaturels, et à l'oraison ou contemplation dont j'ai parlé ; mais quoique je remarque en elles d'autres imperfections et d'autres défauts, jamais je ne les ai vues faillir le moins du monde en ce qui regarde le pardon des offenses, et je ne crois pas que cela puisse arriver, si ces faveurs viennent véritablement de Dieu. Celui donc qui reçoit de pareilles grâces et de plus grandes encore, doit observer si les progrès de ses vertus sont correspondants ; s'il ne le constate point, il a un très grand sujet de craindre, il doit croire que ces consolations ne viennent point de Dieu qui ne manque jamais, lui, d'enrichir l'âme qu'il visite. Voici qui est sûr : les faveurs et les délices durent peu, mais le passage de Dieu et les effets qui en restent dans l'âme se font vite connaître. Ainsi, comme notre divin Sauveur sait que le résultat de ces faveurs est le pardon des offenses, il ne craint pas de nous faire dire en termes exprès à son Père, que nous pardonnons à ceux qui nous ont offensés.

---

1. « Dieu nous délivre des monastères où existeraient ces points d'honneur ; Dieu n'y est jamais honoré. » (Esc.)

CHAPITRE DEUX

Excellence particulière du Pater.

Q uelle sublime perfection dans cette prière évangélique ! et comme on y découvre la sagesse de son divin auteur ! Nous ne saurions lui en rendre de trop vives actions de grâces. Chacune de vous, mes filles, peut prendre pour elle cette prière, et s'en servir selon le besoin de son âme. J'admire comment, en si peu de paroles, elle renferme tout ce qu'on peut dire de la contemplation et de la perfection. On n'a plus besoin, ce semble, d'aucun livre, il suffit d'étudier celui-là. En effet, jusqu'ici Notre-Seigneur nous a enseigné tous les modes d'oraison et de haute contemplation, depuis l'oraison mentale jusqu'à la quiétude et l'union. En vérité, si j'avais le talent d'écrire, je pourrais, sur un fondement si solide, faire tout un traité de l'oraison. A l'endroit où nous sommes arrivées, ainsi que vous venez de le voir, Notre-Seigneur commence à nous faire connaître les effets que produisent en nous ces faveurs, quand elles procèdent véritablement de lui.

Je me suis demandé pourquoi le divin Maître ne s'est pas expliqué plus clairement sur des choses si hautes et si mystérieuses, de manière au moins à être compris de tous. En voici, ce me semble, la raison : cette prière devant être la prière commune de tous les chrétiens, il fallait que chacun pût en appliquer les termes à ses intentions, il fallait aussi que chacun eût la consolation de croire qu'il en avait tout le sens ; c'est pourquoi il a voulu y laisser une certaine confusion. Ainsi, les contemplatifs, qui ne souhaitent aucun des biens terrestres, et les âmes qui se sont données à Dieu sans réserve lui demandent par cette prière les faveurs du ciel, que la grande bonté de Dieu peut donner sur la terre. Ceux qui se sont engagés dans le monde demandent à Dieu, pour eux et pour leurs familles, le pain terrestre et les autres nécessités de la vie, conformément à leur état, et leur demande est aussi juste que sainte. Remarquons pourtant que le don de votre volonté et le pardon des offenses sont deux obligations qui nous regardent tous. A la vérité, il y a, comme je l'ai dit, du plus et du moins. Les parfaits donnent parfaitement leur volonté, et pardonnent aussi parfaitement. Quant à nous, mes soeurs, nous ferons ce que nous pourrons. Le divin Maître reçoit tout ce que nous lui offrons. Il semble qu'il ait conclu, en notre nom, comme un pacte avec son Père : Seigneur, faites cela, et mes frères feront ceci.

D'ailleurs nous sommes bien assurés que Dieu tiendra parole. Quelle fidélité que la sienne à payer ses dettes et à les payer sans mesure ! Pour mériter ses largesses, que faut-il ? Qu'il nous entende dire une seule fois cette oraison avec un désir sincère d'accomplir ce qu'elle exprime. Dieu aime infiniment, dans nos rapports avec lui, la vérité, la franchise, la clarté ; il veut que nous disions ce qui est au fond de notre coeur et non autre chose : quand nous traitons avec lui de la sorte, il nous donne toujours au delà de nos demandes.

Notre-Seigneur connaît toute l'étendue de la libéralité de son Père, et il sait les admirables faveurs dont il se plaît à combler les âmes qui le prient avec les excellentes dispositions que je viens de dire. Mais il découvre en même temps les dangers que peuvent courir ceux qui ont déjà atteint la perfection, ou qui du moins y tendent. Tenant le monde sous leurs pieds, ils sont sans crainte, et ils n'en doivent point avoir. Ils ne cherchent en tout qu'à contenter Dieu, et, par les heureux effets de sa grâce qu'ils sentent dans leurs âmes, ils peuvent concevoir une très juste espérance qu'il est content d'eux. Enivrés par les délices du ciel, ils sont exposés à oublier qu'il y a un autre monde, et qu'ils ont encore des ennemis à combattre. Le divin Maître a besoin de les en faire souvenir ; il les prémunit contre un oubli qui pourrait leur devenir funeste. O Sagesse éternelle ! ô Maître incomparable ! Qu'on est heureux, mes filles, d'avoir un Maître dont les lumières et la sollicitude préviennent tous les périls ! Je n'ai pas de termes pour peindre un tel bonheur ; c'est le plus grand bien que puisse souhaiter ici-bas une âme qui ne vit que pour Dieu ; elle y trouve une sécurité profonde.

Notre-Seigneur connaît donc combien il est nécessaire de réveiller ces âmes, et de leur rappeler qu'elles ont encore des ennemis à combattre ; il voit qu'il est encore plus dangereux pour elles que pour d'autres de n'être pas sur leur gardes, et qu'elles ont d'autant plus besoin du secours de son Père éternel, qu'en tombant elles tomberaient de plus haut. Pour les garantir des pièges où elles pourraient se trouver engagées sans s'en apercevoir, que faut-il ? Il adresse à son Père, en leur faveur, ces deux dernières demandes, si nécessaires à tous ceux qui vivent encore dans cet exil : Ne nous laissez pas succomber à la tentation mais délivrez-nous du mal.

COMMENTAIRE DU "NOTRE PÈRE": NE NOUS SOUMETS PAS À LA TENTATION...

CHAPITRE UN

Sur ces paroles du Pater : Ne nous laissez point succomber à la tentation, mais délivrez-nous du mal.

Nous demandons là de grandes faveurs, mes filles, et il convient que nous en ayons tout le sens, puisque nous les demandons. Je suis bien sûre d'abord que les parfaits ne supplient point Dieu de les délivrer des souffrances, ni des tentations, ni des persécutions, ni des combats. Ces épreuves sont à leurs yeux la marque la plus certaine que leur contemplation et les grâces qu'ils y reçoivent procèdent de l'esprit du Seigneur. Ainsi, loin de les craindre, ils les désirent, ils les demandent, ils les aiment ; semblables à des soldats qui préfèrent de beaucoup les chances des batailles qui leur promettent de l'avancement, à l'oisiveté de la paix qui les réduit à la solde et les laisse sans grand espoir. Croyez-moi, mes soeurs, les soldats de Jésus-Christ, qui sont les contemplatifs et aspirent impatiemment au combat, craignent peu les ennemis visibles ; ils les connaissent, ils savent que leur violence ne peut rien contre ceux que Dieu arme de sa force ; ils savent qu'ils les vaincront et avec avantage ; ils les regardent donc bien en face. Mais il est pour eux des ennemis plus redoutables, des ennemis perfides, qui se transfigurent en anges de lumière, qui s'approchent, sous ce déguisement, et ne se révèlent à nous qu'après avoir dévasté notre âme, bu notre sang et ravagé nos vertus. Nous nous trouvons ainsi en pleine tentation sans nous en douter.

Ces ennemis-là, mes filles, craignons-les ; prions le Seigneur, prions-le et supplions-le avec insistance en récitant le Pater, de nous en délivrer ; qu'il ne permette pas une tentation où nous soyons trompées, qu'il nous découvre le venin et les artifices de nos ennemis ; qu'il les empêche de dérober aux yeux de notre âme la lumière et la vérité. Oh ! que notre bon Maître a eu raison de nous enseigner à faire cette demande, et de l'adresser lui-même pour nous à son Père !

Considérez, mes files, que les démons, nos ennemis, peuvent nous nuire de bien des manières. Ils nous persuadent quelquefois, je l'ai dit, que ces goûts et ces délices qu'ils excitent en nous, viennent de Dieu ; ne pensez pas qu'ils s'en tiennent là. C'est, en un sens, le moindre des préjudices qu'ils peuvent causer aux âmes : car au lieu de les arrêter par ces artifices, ils les font marcher plus vite. Oui, ces goûts spirituels dont elles ignorent l'auteur, les attirent simplement à donner plus de temps à l'oraison ; elles se reconnaissent indignes de ces délices et ne se lassent pas d'en remercier Dieu ; elles se croient tenues à une plus grande fidélité dans son service ; enfin, elles s'efforcent de l'engager, par une humble reconnaissance, à ajouter de nouvelles faveurs aux premières, comme si celles-ci venaient de Dieu.

Voulez-vous, mes soeurs, n'avoir rien à craindre de ce côté, efforcez-vous sans cesse de devenir humbles ; reconnaissez que vous n'êtes pas dignes de ces faveurs, et ne les recherchez point. Par ce moyen, le démon voit lui échapper des âmes qu'il prétendait perdre, et Dieu tire notre bien du mal même que cet ennemi voulait nous faire. Ce que Notre-Seigneur demande de nous dans l'oraison, c'est un désir vrai de lui plaire et de le servir, en demeurant auprès de lui ; dès qu'il voit en nous cette intention droite, il ne peut manquer de nous défendre contre l'ennemi, parce qu'il est fidèle en ses promesses. Tenons-nous sur nos gardes, évitons une vaine gloire qui ferait brèche à l'humilité ; prions Dieu surtout qu'il nous délivre de ce péril, et n'ayons pas peur. Le divin Maître ne permettra pas longtemps que vous receviez des consolations d'un autre que de lui.

Voici un artifice à l'aide duquel le démon peut, à notre insu, nous causer un grand mal : c'est de nous persuader que nous avons des vertus qu'effectivement nous n'avons pas : il n'y a rien de plus dangereux. En effet, lorsque nous nous trompons sur la source des délices goûtées dans l'oraison, nous n'y voyons qu'un pur don de Dieu, et nous nous croyons obligées à le servir avec plus d'ardeur. Ici il nous semble au contraire que c'est nous qui donnons à Dieu, qui lui rendons service, et qu'il est obligé de nous en récompenser. Avec cette idée, le démon cause peu à peu un grand dommage à l'âme : d'abord, il affaiblit en elle l'humilité ; en second lieu, il la rend négligente à acquérir les vertus qu'elle croit déjà posséder. Quel est donc, me demanderez-vous, le remède contre une tentation si dangereuse ? C'est celui, mes filles, que le divin Maître nous enseigne, et qui consiste à prier, et à conjurer le Père éternel qu'il ne nous laisse point succomber à la tentation ; je n'en connais point de plus efficace.

Je veux cependant vous en indiquer un autre. Nous semble-t-il que Notre-Seigneur nous a déjà donné quelques vertus, ne voyons en elles qu'un bien qu'il a mis en nous, et qu'il nous peut ôter, ainsi qu'il arrive souvent, par un admirable dessein de sa providence. Ne l'avez-vous jamais éprouvé, mes soeurs ? Quant à moi, je ne connais que trop ces vicissitudes. Quelquefois il me semble être détachée de tout, et, lorsque j'en viens à l'épreuve, je trouve en effet que je le suis. Mais d'autres fois c'est le contraire, et des choses dont peut-être j'aurais ri la veille m'attachent de telle sorte que je ne me connais plus moi-même. En certains jours, je me sens un tel courage, que je ne reculerais, ce me semble, devant rien, pour rendre un service à Notre-Seigneur ; et de fait, je vois en maintes occasions qu'il en est ainsi. Puis, le lendemain, je me trouve si lâche, que je n'aurais pas le courage de tuer une fourmi, si pour cela j'avais le moindre obstacle à vaincre. Il est des temps où les calomnies de toutes espèces et le déchaînement des langues me trouveraient insensible et la joie que j'ai plus d'une fois ressentie en de pareilles occasions m'a montré que telle était en effet la disposition de mon âme. Mais, hélas ! en d'autres temps, il suffit d'une seule parole pour me jeter dans une affliction telle, que je voudrais m'en aller de ce monde, tant tout ce que je vois me semble insupportable. Je ne suis pas la seule à éprouver ces tristes alternatives ; je les ai observées en d'autres personnes meilleures que moi, et je sais que cela se passe de la sorte.

S'il en est ainsi, qui pourra se croire riche en vertus, puisque, au moment où elles seraient nécessaires, on s'en trouve dépourvu ? Non, non, mes soeurs, reconnaissons toujours au contraire notre indigence, et n'allons pas contracter des dettes qu'il nous serait impossible de payer. C'est d'ailleurs que l'argent nous vient, et nous ne savons pas si Dieu ne nous laissera pas bientôt dans la prison de notre misère sans nous rien donner ? Qu'arrivera-t-il si des personnes nous croient bonnes et nous prodiguent à ce titre estime et honneur ? (c'est ce qui s'appelle prêter à qui n'a rien) ; on se moquera d'elles et de nous. Voulez-vous que Notre-Seigneur vienne tôt ou tard au secours de notre âme ? servons-le avec humilité. Mais si l'humilité n'est pas pour vous une vertu familière et de tous les jours, Dieu vous laissera, et ce sera de sa part un grand trait de miséricorde ; car il vous fera connaître par là que vous devez travailler à acquérir une vertu si nécessaire et que nous n'avons rien que nous ne l'ayons reçu.

Notez encore cet avis, mes filles. Le démon nous suggère quelquefois que nous avons telle ou telle vertu, la patience par exemple, parce que nous formons intérieurement la résolution de la pratiquer, parce que nous exprimons souvent à Dieu le désir de souffrir beaucoup pour lui, et qu'il nous semble que ce désir est très véritable. Nous éprouvons alors une satisfaction profonde, et le démon n'omet rien pour nous confirmer dans ce sentiment. Ne faites aucun cas, mes filles, de ces sortes de vertus ; croyez qu'elles n'ont de vertu que le nom ; persuadez-vous qu'elles ne vous viennent pas de Dieu, jusqu'à ce qu'elles aient fait leur preuve, car il peut arriver qu'à la moindre parole qu'on vous dira et qui ne vous plaira pas, toute cette belle patience s'évanouisse. Mais quand vous aurez beaucoup souffert, rendez grâces à Dieu de ce qu'il commence à vous instruire dans cette vertu, et aspirez avec courage à souffrir encore ; car en vous donnant la patience, Dieu vous dit assez qu'il demande de vous, en retour, l'exercice de cette vertu, et il vous avertit en même temps de ne la regarder que comme un dépôt, mis entre vos mains.

J'en dirai autant de la pauvreté : on se croit pauvre, on s'imagine que l'on est détaché de tout, on a coutume de dire qu'on ne désire rien, et qu'on ne se met en peine de rien ; à force de le dire, on finit par se le persuader[1].

Mais prenez garde, si vous ne tenez à rien, c'est peut-être que vous n'avez rien reçu. Qu'on vous donne quelque chose, ce sera merveille que vous ne le trouviez pas nécessaire. On est toujours bien aise d'avoir une petite réserve ; si on peut avoir un habit d'une étoffe fine, on ne s'avise pas d'en demander un d'une plus grossière ; on veut toujours avoir quelque chose qu'on puisse vendre ou engager, quand ce ne serait que des livres, parce que, s'il arrive une maladie, on a besoin, dit-on, de quelques douceurs plus qu'à l'ordinaire. Hélas ! pécheresse que je suis ! est-ce donc là ce que nous avons promis, lorsque nous avons protesté de renoncer à tout soin de nous-mêmes, et de nous abandonner entièrement à Dieu, quoi qu'il pût arriver ? Si vous avez tant de souci de pourvoir à votre avenir, vous auriez mieux fait de vous assurer des revenus, vous n'auriez pas eu cette continuelle distraction. Je ne veux pas dire qu'il y ait toujours quelque faute dans ces inquiétudes ; mais il est bon de remarquer ces sortes d'imperfections, afin de nous convaincre par là qu'il s'en faut beaucoup que nous ayons cette vertu de pauvreté ; il est bon de la demander à Dieu et de travailler à l'acquérir, tandis qu'en nous imaginant être déjà pauvres, nous nous mettrions peu en peine de bien faire, et qui pis est, nous demeurerions dans l'erreur.

Il importe donc extrêmement de veiller sans cesse sur soi-même, pour découvrir cette tentation, tant au sujet des vertus dont je viens de parler, que de plusieurs autres. C'est une vérité d'expérience, que lorsque Notre-Seigneur nous donne véritablement une de ces vertus solides, elle attire après elle toutes les autres. Mais encore une fois alors même qu'il vous semble les avoir, craignez de vous tromper ; car celui qui est véritablement humble, doute toujours de ses propres vertus, et croit celles des autres incomparablement plus grandes et plus véritables que les siennes.

---

1. A cet endroit le manuscrit de Valladolid résume le manuscrit de l'Escurial ; mais à force d'être concis il est obscur. Pour plus de clarté, nous intercalons ici le passage correspondant du manuscrit de l'Escurial.

CHAPITRE DEUX

*Digression sur quelques tentations
plus subtiles.*

Tenez-vous également en garde, mes filles, contre certaine humilité dont le démon est l'auteur et qui s'inquiète particulièrement de la gravité des péchés commis ; il en résulte pour les âmes des angoisses de tout genre : sous prétexte qu'elles en sont indignes, c'est du moins ce que le démon leur suggère, elles s'abstiennent de la communion et suspendent toute oraison particulière ; elles n'osent s'approcher le la table sainte qu'après avoir longtemps examiné si elles sont bien ou mal préparées, et elles consument en ces examens des moments qu'elles devraient employer à recevoir les grâces de Notre-Seigneur. Quelquefois même, dans l'excès du trouble, elles se persuadent que c'est à cause de leur indignité qu'elles sont si délaissées de Dieu, et elles n'osent en quelque sorte plus se confier à sa miséricorde. Alors elles ne voient que péril dans toutes leurs actions, même dans les meilleurs ; toutes leurs oeuvres leur semblent inutiles ; tel est enfin leur découragement que les bras leur tombent, comme on dit, dans l'exercice du bien, et qu'elles condamnent en elles comme mauvaises les mêmes choses qu'elles estiment bonnes dans les autres.

Comme je suis passée par là, je sais ce qui en est : je vous prie donc, mes filles, de bien retenir ce que je vais vous dire. Quelquefois ce sentiment profond de notre misère sera humilité et vertu, mais d'autres fois il ne sera qu'une très forte tentation. L'humilité, pour grande qu'elle soit, ne porte dans l'âme ni inquiétude, ni trouble, ni bouleversement ; elle est au contraire accompagnée de paix, de douceur, de repos. Quelquefois, sans doute, la claire vue de sa misère et de l'enfer qu'elle a mérité afflige une âme humble ; il lui semble que le monde entier devrait l'avoir en horreur ; elle ose à peine demander miséricorde ; mais elle trouve dans cette peine tant de suavité et de bonheur intimes, qu'elle voudrait n'être pas un instant sans la ressentir. Enfin, la vraie humilité, loin de jeter l'âme dans le trouble et dans les angoisses, la dilate, et la rend plus capable de travailler au service de Dieu. Il n'en est pas ainsi de l'humilité dont le démon est l'auteur ; elle trouble l'âme, l'agite, la bouleverse et l'accable de chagrin. Le démon espère ainsi, je crois, et nous persuader que nous sommes humbles, et en même temps nous ôter, s'il peut, toute confiance en Dieu. Lorsque vous vous trouverez dans cet état, détournez autant qu'il est en vous, votre pensée de la vue de vos misères, et fixez-la tout entière sur la miséricorde de Dieu, sur l'amour de Jésus-Christ et la passion qu'il a voulu endurer pour nous. Il est vrai que si c'est une tentation, vous ne pourrez pas réfléchir à tout cela, car le démon ne laissera aucun repos à votre esprit et vous ne pourrez penser qu'à ce qui augmente votre peine : ce sera beaucoup que vous puissiez reconnaître la tentation.

D'autre fois le démon vous poussera peut-être à des austérités excessives, afin de vous persuader que vus êtes plus pénitentes que les autres, et que vous faites quelque chose de considérable pour Dieu. Mes filles, si vus manquez d'ouverture avec votre confesseur, ou avec votre supérieure, ou si, lorsqu'ils vous défendent ces sortes de pénitences, vous les continuez encore, c'est une tentation manifeste. Efforcez-vous donc de leur obéir, parce que s'il y a plus de peine à le faire, il y a aussi plus de perfection.

Une autre tentation fort dangereuse de cet ennemi du salut, c'est d'inspirer une présomptueuse confiance : on se persuade que pour rien au monde on ne voudrait retourner ni aux égarements de la vie passée ni aux vains plaisirs du siècle ; j'ai compris le néant du monde, dit-on, je sais que tout passe, et je trouve plus de bonheur dans le service de Dieu. Une pareille tentation, dans les commencements, est très dangereuse : avec cette sécurité, on ne craint pas de s'engager de nouveau dans les occasions, et l'on tombe misérablement. Dieu veuille que cette seconde chute ne soit pas pire que la première ! Car, si c'est une âme capable de s'opposer au mal et d'aider le bien, le démon n'omettra rien pour l'empêcher de se relever. C'est pourquoi quelques délices que Notre-Seigneur vous fasse goûter et quelques gages qu'il vous donne de son amour, ne vous livrez jamais à une sécurité qui exclue la crainte de tomber, et veillez sur vous-mêmes, pour éviter les occasions d'un tel malheur.

Tâchez, autant qu'il dépendra de vous, de communiquer ces grâces et ces faveurs à quelque personne capable de vous éclairer, sans lui rien cacher de ce qui vous arrive. Quelque élevée que soit votre contemplation, ayez toujours soin de la commencer et de la finir par l'aveu de votre misère. A la vérité, si votre oraison vient de Dieu, vous aurez beau faire, cette pensée se présentera d'elle-même bien plus souvent encore, parce que l'oraison qui vient de Dieu est toujours accompagnée d'humilité, et porte dans l'âme une vive lumière qui nous découvre de plus en plus notre néant.

Je ne m'étendrai pas davantage sur ces sortes d'avis, que d'ailleurs vous trouverez dans plusieurs livres ; et si je vous en ai dit quelque chose, c'est parce que je suis passée moi-même par ces tentations, et que je me suis vue dans l'angoisse plus d'une fois. Mais enfin, quoi que l'on puisse vous dire, on ne saurait vous mettre dans une entière sécurité.

Que nous reste-t-il donc, ô Père éternel, sinon de recourir à vous, et de vous supplier de ne pas permettre que ces ennemis de notre salut nous fassent tomber dans les pièges qu'ils nous tendent ? Lorsque leurs attaques sont visibles, aidés de votre secours nous pouvons les repousser ; mais ces embûches, comment les découvrir ? Nous avons toujours besoin de vous, Seigneur, dites-nous quelque moyen de nous reconnaître et de nous rassurer. Vous le savez, ce n'est pas le grand nombre qui marche par ce chemin de l'oraison, et si l'on n'y peut avancer qu'au milieu de tant d'alarmes, le nombre de ceux qui le suivront sera plus petit encore.

En vérité, les jugements du monde sont étranges : on dirait, à l'entendre, que l'ennemi du salut ne tente pas ceux qui ne s'adonnent point à l'oraison. Mais qu'un homme d'oraison, un de ceux qui aspirent le plus à la perfection se laisse tromper et séduire, le monde s'en étonne plus que de voir cent mille de ces esclaves du siècle, manifestement abusés, plongés dans des péchés publics, et dont le misérable état ne peut plus laisser de doutes, puisqu'ils sentent le démon à mille lieues. Dans un sens, le monde raisonne juste ; car parmi ceux qui disent le Pater noster avec les dispositions dont j'ai parlé, il y en a si peu qui soient trompés par le malin esprit, qu'il peut bien s'en étonner comme d'une chose nouvelle et rare[1]. Rien, en effet, n'est plus ordinaire aux humains que de passer sans réflexion sur ce qu'ils voient chaque jour, et de s'émerveiller de ce qu'ils ne voient que rarement ou presque jamais. Le démon lui-même leur inspire cet étonnement ; il a en cela un grand intérêt, parce qu'une seule âme, qui arrive à la perfection, lui enlève un grand nombre d'autre.

---

1. « Les personnes d'oraison, si elles ne se négligent pas absolument, sont infiniment plus sûres de leur salut que les autres : elles regardent le taureau du haut des tribunes, les autres se jettent dans ses cornes. C'est une comparaison que j'ai entendu faire ; elle est vraie, à la lettre. » (Esc.)

CHAPITRE TROIS

L'amour et la crainte de Dieu nous arment contre les tentations.

Ô notre bon Maître ! donnez-nous quelque moyen de vivre sans trop d'alarmes au milieu d'une guerre si périlleuse. Ce moyen est à notre portée, mes filles, et Notre-Seigneur nous l'a laissé lui-même : c'est l'amour et la crainte. L'amour nous fera hâter le pas ; la crainte nous fera regarder avec soin où nous posons le pied, afin de ne pas trébucher sur ce chemin de la vie où nous rencontrons tous tant de pierres. Avec cela, nous n'aurons pas à craindre d'être trompées.

Vous allez peut-être, et avec raison, me demander à quelles marques vous pourrez reconnaître que vous possédez ces deux vertus, si grandes, si grandes.

Il n'en est pas de marque absolument certaine et infaillible ; car si nous avions cette certitude de posséder l'amour de Dieu, nous l'aurions également d'être en état de grâce. Toutefois, mes soeurs, quand ces deux vertus existent dans une âme, elles se révèlent par des signes si évidents, que les aveugles mêmes sont contraints de les voir, et qu'elles se rendent sensibles à ceux mêmes qui ne voudraient pas les entendre. Ceux qui les possèdent sont d'autant plus remarqués, qu'ils sont moins nombreux. Deux mots très simples : l'amour et la crainte de Dieu ! Ce sont là deux places fortes, d'où l'on fait la guerre au monde et aux démons. Ceux qui aiment Dieu véritablement, aiment tout ce qui est bon, louent tout ce qui est bon, s'unissent toujours avec les bons, les soutiennent, les défendent ; ils n'ont d'affection que pour la vérité, et pour les choses qui sont dignes d'être aimées.

Qu'on ne croie pas que ces âmes, embrasées d'un véritable amour de Dieu, puissent aimer les vanités de la terre ; pas plus que les richesses, les plaisirs, les honneurs du monde ; pas plus que la dispute et l'envie. Pourquoi ? parce que leur unique ambition est de contenter Celui qu'elles aiment ; elles se meurent du désir d'être aimées de lui, et c'est vivre, pour elles, que de rechercher les moyens de lui plaire de plus en plus. Un tel amour peut-il se dérober aux regards, et se tenir caché ? non, encore une fois, c'est impossible. Voyez un saint Paul, une sainte Madeleine : l'un, trois jours à peine écoulés, paraît visiblement malade d'amour ; l'autre, dès le premier jour. Et comme leur blessure est évidente pour tous les yeux ! Il est vrai, cet amour a des degrés différents, et selon qu'il est plus ou moins fort, il se fait plus ou moins reconnaître ; mais partout où il y a un amour véritable de Dieu, que sa flamme soit grande ou petite, il révèle toujours sa présence.

Comme j'ai surtout en vue ici de prémunir les contemplatifs contre les artifices et les illusions de l'esprit de ténèbres, je dirai que chez eux cette flamme ne saurait jamais être petite. Ou ils ne sont point de vrais contemplatifs, ou l'amour qui est en eux est très grand. Aussi éclate-t-il au dehors, et se manifeste-t-il de bien des manières. Il brûle avec tant de force, qu'on ne peut s'empêcher d'apercevoir ses flammes. Lorsque cela n'a point lieu, ils doivent marcher avec une grande défiance d'eux-mêmes, croire qu'ils ont bien sujet de craindre, travailler à en découvrir la cause, multiplier leurs oraisons, pratiquer l'humilité, et supplier le Seigneur de ne pas permettre que le tentateur les trompe ; car selon moi, il est bien à craindre qu'une âme contemplative qui n'a point en elle ce signe d'un grand amour, ne soit réellement trompée. Cependant, mes filles, si vous marchez avec humilité, si vous cherchez à connaître la vérité, si vous êtes soumises à votre confesseur, si vous lui ouvrez votre coeur avec une entière sincérité, quelques frayeurs que le démon vous cause, et quelques pièges qu'il vous tende, il vous donnera la vie, par les moyens mêmes qu'il employait pour vous donner la mort.

Si donc vous sentez cet amour de Dieu dont je viens de parler, et s'il est accompagné de la crainte dont je vais bientôt vous entretenir, réjouissez-vous, mes files, et entrez dans un parfait repos ; dédaignez toutes ces vaines terreurs que le démon s'efforcera, par lui-même, et par d'autres, d'exciter dans votre âme, afin de vous empêcher de jouir tranquillement d'un si grand bien. Désespérant de vous gagner, il cherche du moins à vous faire perdre quelque chose ; il essaie de diminuer le gain que vous aurez pu faire, le gain que d'autres feraient comme vous, s'ils croyaient que ces grâces extraordinaires viennent de Dieu et que Dieu peut parfaitement les accorder à de pauvres créatures comme nous. Car, en vérité, il semble quelquefois que nous ayons perdu le souvenir de ses miséricordes anciennes.

Ne pensez pas qu'il importe peu au démon d'exciter ces sortes de craintes ; il cause par là deux grands maux. D'abord, il fait que ceux qui apprennent les illusions possibles des contemplatifs craignent de se livrer à l'oraison, de peur d'être eux aussi trompés. En second lieu, il diminue le nombre des âmes qui se donneraient entièrement à Dieu, en voyant comme il est bon et comme il se communique, dès cette vie, à de pauvres pécheurs comme nous. Cette vue excite en elles une juste émulation. Je connais moi-même un certain nombre de personnes qui en ont été fort animées ; elles ont commencé à se livrer à l'oraison, et elles y ont si bien réussi, en très peu de temps, que Dieu leur a fait de hautes faveurs. Ainsi, mes filles, lorsque, parmi vous, vous en verrez quelqu'une à qui viendront de pareilles grâces, remerciez-en beaucoup le divin Maître, mais ne pensez pas pour cela que votre soeur soit à l'abri de tout danger ; au contraire, assistez-la encore, plus qu'auparavant, de vos prières, parce que nul ne peut se tenir dans une sécurité entière, tant qu'il est en cette vie, et engagé dans les périls de cette mer orageuse.

Il vous sera donc facile, mes soeurs, de reconnaître cet amour dans les âmes qui le possèdent ; je ne conçois pas même comment il pourrait demeurer caché. Eh quoi ! s'il est impossible, comme on le dit, de dissimuler celui que l'on porte aux créatures ; si cet amour si bas, indigne même de ce nom, puisqu'il n'est fondé que sur un pur néant, se trahit d'autant plus qu'on veut le couvrir de voiles, comment pourrait se cacher un amour aussi fort que celui dont brûlent ces grandes âmes, un amour si juste, un amour qui va toujours croissant, un amour dont rien au monde n'éteindra l'ardeur, un amour enfin dont le fondement est l'amour obtenu de Dieu, amour incontestable, amour manifeste, amour dévoué jusqu'à la souffrance, jusqu'à l'agonie, jusqu'au sang répandu, jusqu'à la mort, amour éclatant et absolument hors de doute ?

O ciel ! quelle différence doit trouver entre l'amour terrestre et l'amour divin celui qui a éprouvé l'un et l'autre ! Daigne Notre-Seigneur, avant de nous retirer de cette vie, nous donner ce saint amour dont il consume les âmes qui sont à lui. Qu'il nous sera doux, à l'heure de la mort, de voir que nous allons être jugées par Celui que nous aurons aimé par-dessus toutes choses ! Nous n'irons pas en terre étrangère, mais dans notre véritable patrie, puisque c'est la patrie de Celui que nous aimons tant, et de qui nous sommes tant aimées !

Comprenez bien ici, mes filles, ce que l'on gagne à avoir cet amour, et ce que l'on perd à ne l'avoir pas. Une âme, sans cet amour, est livrée aux mains du tentateur, ces mains cruelles, ces mains ennemies de tout bien et amies de tout mal. Oh ! que se passera-t-il dans cette pauvre âme lorsque, au sortir des douleurs et des angoisses de la mort, elle tombera soudainement dans les mains du démon ? Quel horrible repos que ce lieu où elle entre ! Comme elle arrive déchirée dans l'enfer ! quelle multitude de serpents de toute espèce ! quel épouvantable lieu ! quel infortuné séjour ! Il en coûte tant à ceux qui vivent ici-bas dans les délices, et qui par là même vont sans doute en plus grand nombre peupler l'enfer, de passer une seule nuit dans une mauvaise hôtellerie ; qu'éprouvera donc une pauvre âme dans cette hôtellerie de l'enfer d'où elle ne sortira jamais, jamais ?

O mes filles ! ne désirons point vivre à notre aise ; nous sommes bien ici ; une nuit à passer dans une mauvaise hôtellerie, voilà tout ! Louons Dieu et efforçons-nous de faire pénitence en cette vie. Oh ! combien sera douce la mort de l'âme qui, ayant fait, en ce monde, pénitence de tous ses péchés, n'aura point à passer par le purgatoire ! Oui, dès l'exil il pourra arriver qu'elle commence à jouir de la gloire. Nulle crainte qui la trouble ; elle goûtera une paix parfaite. Peut-être, mes soeurs, ne vous sera-t-il point donné d'arriver jusque-là ; du moins, supplions Dieu que, si nous avons des peines à subir au sortir de la vie, ce soit en un séjour, où l'espérance de les voir finir nous les fasse endurer avec joie, et où nous ne perdions ni son amitié ni sa grâce. Que cette grâce nous préserve, en cette vie, de tomber en tentation sans nous en apercevoir.

CHAPITRE QUATRE

*De la crainte de Dieu et de la fuite
du péché véniel.*

Que je me suis étendue, en parlant de l'amour de Dieu ! et cependant je l'ai fait moins encore que je ne l'eusse désiré. En effet, qu'y a-t-il de plus doux que de s'entretenir d'un pareil amour ? Et s'il en est ainsi, que sera-ce de le posséder ? Que Dieu donc me le donne, je l'en conjure par son infinie bonté.

Venons maintenant à la crainte de Dieu. C'est une vertu qui ne peut exister dans une âme sans se révéler à elle-même et à ceux qui l'entourent. Au commencement toutefois, sauf une faveur de Dieu extraordinaire, où les âmes deviennent en un moment riches de vertus, la crainte de Dieu n'est pas si parfaite et elle se trahit moins. Je parle en général et pour les premiers commencements. Mais elle grandit peu à peu, elle se fortifie tous les jours et elle donne vite des signes de sa présence par la fuite du péché, des occasions dangereuses, des mauvaises compagnies et révèle par d'autres indices le précieux trésor qu'elle possède. Chez les âmes parvenues à la contemplation, et c'est d'elles surtout que je parle en ce moment, la crainte, comme l'amour, éclate d'une manière très visible au dehors. Que de l'oeil le plus attentif on observe ces personnes, on ne les verra jamais marcher sans vigilance ; Notre-Seigneur les tient de telle sorte, que, pour le plus grand intérêt de la terre, elles ne commettraient pas, de propos délibéré, un péché véniel ; quant aux mortels, elles les craignent comme le feu. Je souhaite, mes soeurs, que vous redoutiez de toute votre âme les illusions qu'on se fait sur un point capital. Quant aux tentations, supplions Dieu continuellement de ne point permettre que leur violence nous porte jamais au péché, mais qu'il daigne les proportionner à la force qu'il nous donne pour les vaincre. Voilà, mes filles, la crainte salutaire que je désire voir en vous ; ne la perdez jamais, et elle sera votre sauvegarde.

Quelle heureuse chose que de ne pas offenser Dieu ! Par là les démons, qui sont ses esclaves, demeurent comme enchaînés ; car enfin il faut que, de gré ou de force, toutes les créatures lui obéissent, et la seule différence entre eux et nous, c'est qu'ils le font par crainte, tandis que nous le faisons de plein gré. Ainsi, que Dieu soit content de nous, et ces esprits pervers seront forcés de se tenir à distance ; ils ne pourront nous nuire en rien, dans quelques tentations qu'ils nous engagent, et quelques pièges secrets qu'ils nous tendent.

Travaillez donc à acquérir cette pureté de conscience si importante et si précieuse ; élevez-vous, coûte que coûte, à la résolution de ne point offenser Dieu, de mourir plutôt mille fois que de commettre un péché mortel ; et quant aux péchés véniels, de n'en commettre aucun de propos délibéré. Je dis de propos délibéré, et à dessein : car pour les autres péchés véniels qui n'ont point ce caractère, quel est celui à qui il n'en échappe pas beaucoup ? Mais il y a deux sortes d'advertances : l'une est accompagnée de réflexion ; l'autre est si soudaine que commettre le péché véniel et s'en apercevoir, c'est en quelque sorte tout un ; l'on peut dire en ce dernier cas que l'on n'a point su ce que l'on faisait. Je parle ici des péchés véniels où il y a pleine advertance, et je dis : Que le Seigneur nous préserve d'en commettre aucun, quelque petit qu'il soit, d'autant plus, hélas, qu'il n'est pas une offense de Dieu qui ne soit grande, dès là qu'elle est commise contre une Majesté infinie et sous ses yeux. C'est là, je crois, un péché prémédité ; c'est comme si l'on disait à Dieu : Seigneur, bien que cela vous déplaise, je ne laisserai point de le faire ; je vois que vous le voyez, je sais que vous ne le voulez pas, et je le comprends, mais j'aime mieux suivre mon caprice et mon goût que votre volonté. Et un péché de cette sorte serait peu de chose ! Non, non, je ne le crois pas ; la faute pourra être légère ; mais il est mal, très mal de la commettre.

Pensez-y, mes soeurs, et pour acquérir cette crainte, efforcez-vous de comprendre combien grave est l'offense de Dieu : que ce soit là un entretien ordinaire de votre esprit ; il y va pour nous du salut d'enraciner cette vertu dans nos âmes. Tant que vous ne serez pas sûres d'y être arrivées, marchez toujours avec beaucoup, beaucoup de circonspection, évitez les occasions et les compagnies qui ne vous aident point à vous unir plus intimement à Dieu. Veillez à ne rien faire par votre volonté propre ; ne dites rien qui ne puisse édifier ceux qui vous écoutent, et fuyez tous les entretiens dont Dieu ne serait pas l'objet.

Il ne faut pas peu de travail, j'en conviens, pour parvenir à imprimer en nous cette crainte ; toutefois, si nous avons un véritable amour de Dieu, nous en viendrons à bout en peu de temps. Car l'âme qui aime Dieu se sent résolue à ne commettre pour rien au monde un seul péché. Il pourra bien lui arriver de faire encore quelques chutes, parce que nous sommes toujours faibles et qu'il n'y a pas à se fier absolument à nous. C'est précisément dans nos plus fermes résolutions qu'il faut le plus nous défier de nous-mêmes, pour ne fonder notre confiance qu'en Dieu seul.

Ainsi, mes filles, une fois que vous verrez en vous cette heureuse disposition, marchez avec moins d'appréhension et de contrainte. Notre-Seigneur vous assistera, et la coutume même de ne point l'offenser vous sera d'un grand secours. Agissez avec une sainte liberté, et ne craignez pas de traiter, quand il le faut, avec des personnes même peu intérieures. Car ceux-là mêmes dont le commerce aurait pu être un mortel poison pour votre âme avant qu'elle possédât cette véritable crainte de Dieu, vous exciteront souvent à l'aimer davantage, et à le bénir de vous avoir délivrées d'un péril qui est maintenant pour vous si visible. Auparavant, vous auriez peut-être pu seconder leurs faiblesses ; maintenant, par votre seule présence, vous les porterez à se vaincre eux-mêmes ; et ce bon désir sera, sans qu'ils y songent, un hommage rendu à votre vertu.

Chose admirable ! mes filles, et dont je loue plus d'une fois l'auteur de tout bien, tel est le respect qu'inspire un serviteur de Dieu, que souvent, sans proférer une parole, il empêche par sa seule présence qu'on n'ose parler contre sa divine Majesté ! De même que par un sentiment de bienséance, on ne dit point devant nous du mal de nos amis, de même, sans doute, on respecte le serviteur de Dieu, fût-il d'ailleurs de la plus obscure naissance, par cela seul qu'étant en grâce il est l'ami de Dieu, et l'on évite de lui donner le déplaisir qu'on sait être le plus mortel pour son coeur, celui de voir outrager ou offenser son Seigneur et son Maître. La cause vraie de ce respect m'échappe peut-être, mais le fait est certain et fréquent.

Ainsi, mes filles, évitez la gêne intérieure : une âme qui se resserre ne fait guère plus rien de bon ; elle donne souvent dans les scrupules, et devient ainsi inutile pour elle-même et pour les autres. Supposé qu'elle se préserve des scrupules, elle sera bonne pour elle-même, mais elle ne gagnera pas beaucoup d'âmes à Dieu ; car telle est notre nature, que la vue de cette gêne et de cette contrainte intimide les autres et leur ôte la respiration ; ils accordent volontiers que cette âme marche dans un meilleur chemin, mais ils perdent toute envie de l'y suivre.

Un autre effet aussi triste de cette contrainte, c'est qu'elle nous inspire des jugements sévères contre les personnes dont la voie est différente de la nôtre et pourtant plus sainte. Voit-on certaines âmes traiter librement et sans toutes ces gênes avec le prochain, pour le gagner à Dieu, on taxera d'imperfection cette innocente liberté. Voit-on dans ces âmes une joie sainte, il semblera que c'est de la dissipation. C'est là un très grand péril, pour les femmes surtout, qui, faute de science, ne savent pas discerner ce qui peut se faire sans péché. En outre, il y a en cela une tentation continuelle et fort dangereuse, parce qu'elle tourne au préjudice des autres. En outre, rien n'est plus mauvais que de croire au-dessous de nous tous ceux qui ne marchent pas comme nous par la voie de la contrainte. Un dernier inconvénient, c'est que dans certaines occasions où il faudrait parler par devoir, cette crainte scrupuleuse d'excéder en la moindre chose pourra enchaîner notre langue, si tant est que vous ne disiez pas du bien de ce que vous devez abhorrer.

Tâchez donc, mes soeurs, autant que vous le pourrez sans offenser Dieu, de vous montrer affables, et de vous conduire de telle sorte, avec toutes les personnes qui traiteront avec vous, qu'elles aiment votre conversation, qu'elles se sentent attirées à partager votre manière de vivre et d'agir, qu'enfin au sortir de vos entretiens, la vertu, au lieu de les effaroucher et de les décourager, n'ait plus que des charmes pour elles.

Cet avis est de très grande importance pour les religieuses. Plus elles sont saintes, plus elles doivent avoir avec leurs soeurs la conversation aimable. Peut-être aurez-vous quelquefois de la peine que les entretiens de vos soeurs ne soient pas tels que vous les souhaiteriez ; ne vous éloignez pas d'elles, si vous voulez leur être utiles et gagner leur amitié. C'est u devoir pour nous de montrer de l'affabilité, de la bonté, de la condescendance, à l'égard de toutes les personnes avec qui nous avons des relations, mais principalement envers nos soeurs. Persuadez-vous bien, mes chères filles, que Dieu ne s'arrête pas, comme vous pourriez le croire, à une foule de petites choses : ainsi gardez votre âme et votre esprit libres de ces inquiétudes et de ces angoisses qui pourraient vous empêcher de faire beaucoup de bien. Ayez, comme je l'ai dit, une intention droite, une ferme volonté de ne point offenser Dieu, et ne laissez pas votre âme se rencogner étroitement. Ai lieu de vertu, vous trouveriez là une foule d'imperfections où le démon vous pousserait, et vous feriez, ni pour vous, ni pour les autres, le bien en votre pouvoir.

Vous voyez, maintenant, comment avec l'amour et la crainte de Dieu nous pouvons tranquillement et en paix marcher dans ce chemin de la perfection. Ce qui toutefois ne nous dispense point de la vigilance, puisque la crainte doit toujours aller la première. Quant à une entière assurance, elle est impossible en cette vie, elle serait même un très grand danger pour nous. C'est ce que notre Maître nous enseigne, lorsqu'en terminant son oraison il dit à son Père ces paroles dont il voyait pour nous la nécessité : Mais délivrez-nous du mal.

CHAPITRE CINQ

Sur ces dernières paroles du Pater noster: Mais délivres-nous du mal.

C'est, ce me semble, à juste titre que le bon Jésus adresse à son Père cette demande pour lui-même. Nous voyons, en effet, combien il devait être fatigué de vivre, lorsqu'il dit dans la Cène à ses apôtres : J'ai ardemment désiré de faire cette cène avec vous.

Comme c'était pour lui la dernière, il ne pouvait montrer plus clairement que par ces paroles combien la vie lui était amère, et avec quelle ardeur il soupirait après la mort. Et aujourd'hui, même après un siècle de vie, non seulement on n'est pas fatigué de vivre, mais on voudrait ne jamais mourir. Nul, à la vérité, ne vit ici-bas aussi pauvre ni aussi accablé de travaux et d'angoisses, que cet adorable Sauveur ! Que fut, en effet, sa vie tout entière, sinon une mort continuelle, par l'image toujours présente des supplices qu'on lui réservait ? Encore n'était-ce là que le moindre sujet de ses douleurs : les plus grandes lui venaient de voir son Père si offensé et les âmes se perdre en si grand nombre. Si pareille vue afflige profondément une âme qu'anime la charité, que devait-elle produire sur le coeur de Celui qui était la charité sans bornes et sans mesure ? Oh ! qu'il avait bien raison de supplier son Père de le délivrer de tant de maux, de tant de peines, et de l'admettre enfin à l'éternel repos de son royaume dont il était le véritable héritier ! Par cet Amen qui termine la prière, le Seigneur, selon que je l'entends, demande à son Père que nous soyons délivrés de tout mal à jamais. O Père éternel, délivrez-moi de tout mal pour jamais ; je vous supplie avec d'autant plus d'ardeur, que loin de m'acquitter de ce que je vous dois, je vois, hélas ! que je m'endette tous les jours davantage. Mais ce que mon amour ne peut souffrir, Seigneur, c'est de ne pouvoir posséder la certitude que je vous aime et que mes désirs vous sont agréables. O mon Créateur et mon Dieu ! délivrez-moi dès ce moment de tout mal, et daignez me conduire à ce séjour où sont tous les biens ! Et que peuvent attendre ici-bas ceux à qui vous avez donné quelque connaissance du néant du monde, et à qui une foi vive fait pressentir ce que vous leur réservez dans le ciel ?

Cette demande, faite par les contemplatifs, du fond du coeur et avec un ardent désir, est une des marques les plus sûres que les grâces qu'ils reçoivent dans l'oraison viennent de Dieu. Ainsi, qu'ils considèrent cette soif de quitter l'exil comme une très précieuse faveur. Quant à moi, si, comme eux, je soupire après ma dernière heure, ce n'est point pour la même raison, puisque je suis loin de leur ressembler : ce qui fait que j'appelle la mort de tous mes voeux, c'est qu'ayant si mal vécu jusqu'ici, je crains de vivre davantage, et que je suis lasse des tribulations de cet exil.

Est-il étonnant que l'expérience des faveurs divines donne aux âmes le désir de s'abreuver à leur source, au lieu de les avoir goutte à goutte ? Est-il étonnant que, fatiguées d'une vie où tant d'embarras les empêchent de jouir d'un si grand bien, elles aspirent à cette patrie où le soleil de justice ne se couche plus pour elles ? Après ces moments de lumière, comme les choses d'ici-bas doivent leur paraître obscures ! Ce qui m'étonne, c'est qu'après cela on puisse vivre. Tout doit être amertume, après qu'on a goûté les prémices de la béatitude, et reçu les premiers gages de la gloire. Si de telles personnes restent dans cet exil, ce n'est assurément point par leur propre volonté, mais parce que telle est la volonté du Roi.

Oh ! quelle vie différente de la nôtre que celle où l'on ne désire pas la mort ! Quelle différence entre les saints et nous dans la soumission de notre volonté à la volonté de Dieu ! Dieu veut que nous aimions la vérité, et nous aimons le mensonge ; Dieu veut que nous aimions ce qui est éternel, et nous préférons ce qui passe ; Dieu veut que nous aimions ce qui est grand et sublime, nous allons aux choses basses et terrestres ; Dieu voudrait enfin que nous aimions ce qui est assuré, et nous aimons ce qui est incertain. Quelle folie ! mes filles, il n'y a de sage que de supplier Dieu qu'il nous préserve pour toujours de ces périls, et qu'il nous délivre de tout mal. Bien que notre désir ne soit pas encore parfait, ne laissons pas d'adresser à Dieu cette demande avec toute l'ardeur dont nous serons capables. Pourquoi craindre de demander beaucoup, lorsque nous nous adressons au Tout-Puissant ? Mais afin de ne point nous tromper, laissons-le nous donner ce qu'il lui plaira, puisque aussi bien nous lui avons déjà donné notre volonté. Enfin, que son nom soit à jamais sanctifié dans le ciel et sur la terre, et que sa volonté soit toujours accomplie en moi ! Amen.

Admirez maintenant, mes chères filles, comment Notre-Seigneur est venu à mon secours, tandis que je vous entretenais du chemin de la perfection ; oui, admirez comme il nous a instruites vous et moi, en me découvrant la grandeur des choses que nous demandons dans cette prière évangélique. Qu'il en soit éternellement béni ! Non, jamais il n'était venu à mon esprit que cette prière renfermât de si admirables secrets. Car tout le chemin spirituel, comme vous venez de le voir, s'y trouve compris, depuis le point de départ jusqu'au terme, c'est-à-dire jusqu'à cette fontaine d'eau vive où l'âme boit à longs traits, et s'abîme tout entière en Dieu. Le divin Maître a voulu, ce me semble, nous donner à entendre qu'il y a pour tous une inépuisable source de consolation dans cette sainte prière. Les plus ignorants, ceux qui ne savent pas lire, s'ils l'entendaient bien, y trouveraient à la fois, et une instruction solide pour l'esprit, et un grand soulagement pour les peines du coeur.

Apprenons, mes soeurs, à devenir de plus en plus humbles, en considérant avec quelle humilité notre bon Maître nous donne ses leçons ; et suppliez-le de me pardonner cette hardiesse que j'ai prise, de parler de choses si relevées. Il sait bien que j'en étais incapable, s'il ne m'eût lui-même appris ce que j'avais à vous dire. Remerciez-le, mes soeurs, de cette grâce. S'il a daigné me l'accorder, c'est sans doute en considération de votre humilité à me demander cet écrit, vous abaissant jusqu'à vouloir être instruites par une créature aussi misérable que moi. Si le Père Présenté, Dominique Banès, mon confesseur, à qui je vais d'abord confier ce petit traité, juge qu'il puisse vous être utile et vous le met entre les mains, je n'aurai pas peu de consolation de celle que vous en recevrez. Mais s'il trouve qu'il ne soit pas digne d'être vu, vous vous contenterez, s'il vous plaît, de ma bonne volonté ; j'aurai du moins obéi à ce que vous m'avez ordonné, et je me tiendrai très bien payée de la peine que j'ai prise à l'écrire ; je dis à l'écrire, n'en ayant certainement eu aucune pour penser à ce que je devais dire. Bénédiction et louange au Seigneur, de qui procède tout ce qu'il y a de bien dans nos pensées, dans nos paroles, et dans nos oeuvres ! Amen !

Copyright © 2020 par FV Éditions
Couverture : François Gérard, Sainte Thérèse, 1827
ISBN - Ebook : 979-10-299-0868-2
ISBN - Couverture souple : 9798633748208
ISBN - Couverture rigide : 979-10-299-0869-9
Tous Droits Réservés

www.ingramcontent.com/pod-product-compliance
Lightning Source LLC
LaVergne TN
LVHW042249070526
838201LV00089B/89